社會心理學、文化批評之先河
中文世界唯一德文直譯本

文明及其不滿

附《為什麼會有戰爭？》

Sigm. Freud

Das
Unbehagen
in der Kultur

佛洛伊德 著
林宏濤 譯

專文推薦

以幸福為代價的文明時代

黃涵榆

《文明及其不滿》德文原著*Das Unbehagen in der Kultur*（英譯為*Civilization and Its Discontent*）成書於一九三〇年。從德文原文的das Unbehagen（接近法文的malaise）到英文的discontent，再到中文的「不滿」，整個語言轉譯的軌跡恰好捕抓到本書豐富的思想精髓。本書不僅是個人心靈結構或精神狀態的精神分析理論的展演，更是關乎一整個民族或文明的不滿足、匱乏和不快樂的精神狀態。研究者大多認為佛洛伊德當時見證了史達林和納粹政權的崛起，轉而關注為何人類社會對於進步和幸福的追求難以實現，不幸福的根源到底在哪裡。佛洛伊德在這個階段正值本能理論已然成形，本書因此以「愛慾」（eros）和「死亡驅力」（thanatos）間的糾葛解釋人類歷史的變遷，並將問題指向內在的罪惡感和侵略性向外的投射和發洩。

佛洛伊德延續一九二七年的*Die Zukunft einer Illusion*（《一個幻覺的未來》，英譯為*The Future of an Illusion*），在《文明及其不滿》也對宗教信仰的精神機制進行批判。他以一直都極為側重的「享樂原則」（das Lustprinzip）將宗教詮釋為避免痛苦和得到滿足的心理和情感機制，類似鎮定劑或麻醉藥，提供替代性滿足。佛洛伊德認為宗教的需求衍生自嬰兒時期的無助感和對於作為一種權威角色的「父親」的渴望；這基本上延續了他在《一個幻覺的未來》的說法。對於命運的恐懼造就了宗教的需求，想像與一個無所不包的宇宙合而為一，藉此抵擋外來的威脅。從本能理論的角度來說，避免痛苦和苦難，或說減輕不幸福、不滿足帶來的痛苦，是控制內在需求和本能生命的問題。

本能的轉移和昇華讓人們從心智工作得到滿足，但是這只限於某部分的人，而且他們也並不總是因此真的得到滿足。即使是藝術也只能提供某種「溫和的痲痺」和暫時的逃離，作用並沒有強烈到讓我們忘記真實的苦難。這聽來有些悲觀，也顯示佛洛伊德眼中文明的官能症（neurotic）本質。科學和技術的進步，也就是對於自然的宰制，並沒有保證帶來滿足，各種社會要求和理想使得人們必須延遲和割捨欲求的滿足，特別是性滿足，因而壓力倍增，個人與群體的衝突也未曾間斷，本成為書的第四和第五章探討的重點。

愛和存在壓力所激發的的工作本能是群體生活和文明發展的兩個重要基礎，透過普世之愛、友誼、勞動、追求內在的幸福感，將性本能轉化成一種帶著某些遙遠甚至無法實現的目標的動力。問題是，沒有多少人真的擁有愛所有人的大智慧，而且文明必然會對於愛加諸許多限制，特別是限制性客體的選擇，強化異性戀模式，阻斷其他形式的快感，性愛與文明必然產生衝突。於是佛洛伊德感慨，「文明人的性愛畢竟遭到了嚴重的損害。」

在愛與文明的衝突這個議題上，無所畏懼的佛洛伊德挑動了「愛鄰如己」這個基督教的敏感部位。在佛洛伊德看來，「愛鄰如己」的道德律令包藏了人類侵略性的本能。我們所愛的鄰人事實上是我們的理想自我的投射，這個鄰人同時也是我們嫉妒和傷害的對象。「他們的鄰人不只是可能的助手和性愛對象，也會引誘他們在他身上滿足其攻擊性，剝削他的勞力而沒有任何補償，不經他的同意就對他性侵略，霸佔他的財物，羞辱他，讓他痛苦不堪，把他凌虐致死。」若隱藏作者佛洛伊德的名號，讀者會不會誤認為這段話是出自大衛林區、昆丁塔倫提諾之作或什麼性虐待的恐怖電影？

社會、道德和宗教規範對於極盡所能限制或壓制侵略性本能，伴隨著佛洛伊德較為晚期的本能和心靈機制理論，我們了解到內化的侵略性或毀滅性會把一部分的自我當作施暴的對象，自我與超我之間的衝突以罪惡感的形式擾亂心靈和諧；在這種狀況下的超我已經與道德良知漸行漸遠，而成為一種內建的自我監控自我責罰的侵略性力量的化身。

佛洛伊德感慨，我們為了文明和各種科學與技術的進步，付出了失去幸福的代價，罪惡感加深，不斷自我凌虐和對他人施加暴力。他認為人類天生的相互攻擊傾向是文明最大的障礙。《文明及其不滿》已經不只是一本精神分析專書，而是西方政治哲學和文明史批判，佛洛伊德之後的人文思想著作，包括中文版同為商周發行的馬庫色（Herbert Marcuse）的《愛慾與文明》（*Eros and Civilization: A Philosophical Inquiry into Freud*）與巴特勒（Judith Butler）的《非暴力的力量：政治場域中的倫理》（*The Force of Nonviolence: The Ethical in the Political*）不斷闡述、回應和對話的對象。

重譯／讀佛洛伊德的《文明及其不滿》，我們或許會驚覺，佛洛伊德書寫本書的時代和我們所處的世界並沒有本質上的差別，一個屬於戰爭、種族和性別暴力、仇恨語言、勞力壓榨、各種形式的侵略性和毀滅性的時代。

（本文作者為國立台灣師範大學英語學系教授）

專文推薦

文明與不安的自問

宋文里

Bruno Bettelheim曾對本書的書名作過這樣的商榷——他說：《文明及其不滿》，改為《文明及其中的不安》較妥，因為人跟文明的相對關係並非只居於受壓抑的位置——我們應把「自我理想」（ego ideal或稱「理想自我」〔ideal ego〕）的昇華效應（即創造）考慮在內，則文明跟「超越的自我」（transcendental ego）就會是並駕齊驅，或至少是有因果關係，而不至於一直處於受壓抑的不滿狀態。但以「不安」來說，則不論是受壓抑或是參與創造，那都是過程中難以避免的情緒／情感狀態。這種觀念，在佛洛伊德的思想中有一段漫長的發展史，從《群體心理學與自我的分析》，〈論自戀：一則導論〉到《自我與伊底》，*這一路走來，把人格發展跟文明發展拉出一條堅韌的鏈條，交互滾轉，也就是最好的心靈裝置（psychic apparatus）配上一輛最大的重裝車——是的，都得用機械的隱喻，這是因為現代人大多習慣開車，不必再用騎馬的隱喻了。

Wo Es war, soll Ich werden.

Where it was, there shall I be.

伊底（它）所到之處，我亦必隨之而至。

這是所有讀過佛洛伊德的人都必須銘記在心的格言金句。這一句話，在我看來，勝讀百遍金剛經。不管這算是什麼偏見，至少著名的心理學家Jerome Bruner就曾說過：自從佛洛伊德之後，人的意象（human image）因他而改變。再升高

---

* 《自我與伊底》就是常見的《自我與本我》。由於「本我」在佛洛伊德的用語上是個嚴重的誤譯，把原文所稱的 das Es(the It) 之中所強調的「不知」與「難以名之」的意思完全忽視，而譯成「本我」這樣的實體化存在，實在是誤解之甚，因此我目前正在重譯這本書，認為必須採取挑戰的態度來改譯書名。改譯的第一步是把 das Es(the It, id) 恢復其字面上的意義，即「它」；但繼此的第二步發展，就是參照玄奘的「五不翻」以及「信雅達」的翻譯原則，取用音譯。而在近音的用字上又發現有「不知伊於胡底」這樣的成語可以參照，這就是最終採用的「伊底」。事實上，早年的翻譯者高覺敷在《精神分析引論》（商務，1933）中就曾經把英譯文"id"譯為「伊底」，然而他本人並不堅持這種譯法，後來也從俗稱為「本我」，那是因為信念不堅，或至少不知他本來對於那種俗濫譯名已經有挑戰的意思。

一階，就是文明的意象因佛洛伊德而改變。我們都不必說大話，只說最簡潔的真理：人因為什麼而能好好活著？他說：因為能愛，因為能工作。愛是愛人，工作則是參與文明發展。不管你愛的是什麼人，你因為愛而能產生活著的動力；不管你做的是什麼工作，你就是跟著文明的巨輪滾轉。兩句話，一個真理：人能轉動就是人活著，而文明也因為人人都轉動，就會滾成巨輪。

如果這樣說還不夠清楚，那麼，轉動的人，演變為理論，叫做什麼？——就是「動力論」。佛洛伊德為動力心理學（dynamic psychology）提供的理論養分已經超過諾貝爾獎所能負荷的重量。他把人類大夢三千年的文明用一本書 *Traumdeutung* 一手揭開來——這本書就是他的成名作，一般翻譯為《夢的解析》或《釋夢》，但仍是Bruno Bettelheim，他以佛洛伊德同鄉的身分說，這個德文，就是「把夢揭開來」的意思，平易無奇，婦孺皆通，除了第七章，有不得不然的必要，作了理論深耕；再來就像這本文明論，也是以童叟無欺的筆法寫成，只有不得已的地方才會讓讀者跟他一起為理論傷腦筋。

譬如說，文明發展到什麼程度才叫文明？這裡必須用個體發生（ontogenesis）與種系發生（phylogenesis）的平行關係才能說明；還必須把動力的兩種矛盾型態（即愛欲與攻擊／破壞性）並列，才能進入精神分析理論的核心。而這是他在多本著作中都會戮力以耕的理論園地，他談的絕對不只是生物學，毋寧更多是把宗教視為文明的原型，但我把這些理論留給願意深讀的讀者，在此只需指出，他也給了非常簡明扼要的口訣，那就是：「文明即是秩序、清潔與美」，不多不少。對於這樣簡易（或用易經的語言來說，就是「易簡」）的語言，我們當然不會受騙，怕的是聽了還不見得能做到。我們比較難過的一道門檻竟然是這句咒語：「台灣最美的風景在人」。這句話讓我們生存的土地引來很多觀光客，但恐怕最令我們心虛的正在於此：我們這些人，真的很美嗎？台灣小吃讓人很容易獲得口腹的饜足，但這些真能叫做「美食」嗎？炸春捲用的油通不過衛生的基本標準，食客們只不過舔舔手指就給通融過去。看吧，我們都太隨意，好像真的能夠與「伊底（它）」所到之處同行，但是，不營養的垃圾食物，最終會破壞的不只是腸胃的清潔，而是破壞了食物衛生管理的秩序，更遑論會破壞了美——從熱鬧的美食街轉過身來，那就不得不面對我們的每一個城市——人車雜沓，交通號誌毫無章法，幾乎沒幾條人行道可以行人——但願觀光客也都能坦白告訴我們：這樣失序的風景，用顏值來評分，能得幾分？或簡單評一個字，會說什麼？我確實聽到了「醜陋」，也就是非常不美的意思。

我們會受到文明的壓抑，是因為朝九晚五的工作裡沒有多少價值。我們的最低工資雖然有明文保障，但我們總是抱怨：這種保障，在世界上仍屬於低階的程度。但佛洛伊德在乎的不是這樣的算法。我們的工作價值被文明扭曲，那才是最大的壓抑；我們有密度高過世界各國的廟宇，但抽籤卜卦的幼稚信仰才對理想構成最重的威脅。有些比我們窮得多的國家，人民的幸福指數卻比我們高得多，譬如人類學家研究過的喜馬拉雅山邊小國，人人以成聖為理想，粗茶淡飯就很容易飽足。跟他們比起來，我們的宗教知道什麼叫「理想」嗎？是的，自我的發展，最終都會長出「自我理想」——這個概念比起「超自我」的概念，在理論上要重要得多，可惜許多教科書都亂寫，把佛洛伊德的超自我貶低到不可理喻的程度，譬如說「超自我代表我們的社會良心」——佛洛伊德會說出這種話才真是見鬼。

自我理想能夠取代永遠填不滿的物欲，而獲得另外種種非物質的滿足，譬如像藝術這樣的東西，這樣的活動，這樣的眼界。君不見，在峇里島上，滿街販賣藝品的小販，他們自己就在一邊畫著彩布。他們的道路橋樑，沒有留下一點空白，在在都佈滿著雕刻和彩繪。我從峇里島回到台灣，飛機降落前看見的是大多數房子上都會有的鐵皮屋頂和盛水的大鋼桶，出了機場看見的則是滿街雜亂的招牌，我們立刻就會明白，在空間的兩相比較之下，呈現的不是GDP的差異，而是價值的距離。我們會受到文明的壓抑，果然是因為朝九晚五的整日工作時間裡，沒有多少堪稱理想的價值。

我們的價值離文明還有多遠？我們的自我裡培養著什麼理想？我們在萬頭攢動的環境裡工作，幾時在乎是否有愛來過生活？我們如果不能時時刻刻這樣捫心自問，就會跟文明愈行愈遠——而這就叫做「文明中的不安」，也就是這本書在幫我們進行的不安自問。

至於何時我們的自問何時能從宗教問到戰爭？我們像本書一樣，背負著一篇「為什麼」的奇文，跳一下，來到詩哲Edmond Jabès的世界，他說：

書的暴力在於它會轉向書的自身：一場絕無寬貸的戰爭。

書寫也許就是用文字，在不可預見的時段，參與了這場戰事，然而對於神，那位絕對無疑的領軍者，我們只能陷入絕口不提的險境。

（本文作者為國立清華大學榮譽退休教授、天主教輔仁大學兼任教授）

CONTENTS

第一章

無助感是對於宗教渴求的原因

Gefühl der Hilflosigkeit als Ursache des Bedürfnisses nach Religion

人們或許難免都會有個印象，覺得人類都在使用錯誤的尺度，馳騁競逐並且欣羨他人的權力、成就和財富，卻低估了生命的真正價值。可是在這種一概而論的判斷當中，卻有忘記了人類的多樣性以及他們的心靈之虞。世人會不吝讚美某些人，儘管他們的偉大是奠基於和大家的目標以及理想相去甚遠的特質和成就。人們很容易會以為讚美這些偉人的畢竟是少數，而大多數人對他們其實是視若無睹的。可是事情或許沒有那麼簡單，因為人們的思考和行為各自不同，他們的願望衝動也形形色色。

其中有個特立獨行的人，在和我的魚雁往返當中以朋友相稱。我寄了拙著給他，那是探討作為幻覺的宗教的一本小書*，他回信說，他完全贊同我對於宗教的看法，卻很遺憾我沒有正視宗教情感（Religiosität）的真正起源的問題。他認為那是個就連他都揮之不去的奇怪感覺，也在其他人那裡證實這點，甚至可以假設人同此心，心同此理。他把這個感覺叫作「永恆性」（Ewigkeit）的感受，一種

* 譯注：指《一個幻覺的未來》。

無邊際的東西、無限制的東西的感覺，就像「浩瀚大海」一樣。這種感覺是純粹主觀的事實，而不是信仰的命題，它和個人永生的保證扯不上關係，卻是掌握在各個教會和宗教體系手裡的宗教能量的源泉，他們把這些能量導入各種渠道，當然也會把它們消耗殆盡。只要有這種浩瀚大海的感覺，人們就可以說自己有宗教情感，儘管他拒絕任何信仰和幻覺。

我相當尊敬的這位朋友，他自己也相當重視詩的幻覺魅力，他的說法讓我大惑不解。我沒辦法在自己心裡找到那種「浩瀚大海」的感覺。以科學的方法探究自己的感覺不是那麼容易的事。我們可以試著描述它們的生理表徵。至於沒辦法這麼描述的東西（我擔心這種描述方式不適用於浩瀚大海的感覺），那就只剩下和這個感覺最可能相關的觀念內容。如果我的朋友理解正確的話，那麼他的說法就和一位矯矯不群的劇作家筆下從容赴義的主角所說的安慰的話如出一轍：「我們不會掉落到世界之外。」[1]那就是和整個外在世界不分畛域、輔車相依的感覺。我想說的是，我覺得那有一種知性認知的性格，當然不能說沒有夾雜著感覺的意味，但是在其他範圍類似的想法裡也會出現。對我個人而言，我沒辦法相信這種感覺的原初性質。但是我無權否認別人事實上會有這種感覺。唯一的問題是，我們是否正確地詮釋它，以及是否應該認定它就是所有對於宗教的需求的根源（fons et origo）

關於這個問題的解答，我並沒有任何定論。人們依據一個直接的、自始就為此量身打造的感覺去認識他和環境的關係，這個觀念聽起來太過荒誕而和我們的心理學結構扞格不入，因此，我們有理由就這種感覺提出心理分析的、也就是發生學的推論。以下的思考方式可以一試：一般來說，對於我們的自體（Selbst）、我們的自我（Ich）的感覺是再確定不過的了，對我們來說，這個自我看似獨立、完整而且和一切他者判然有別。直到心理分析的研究——儘管它對於自我和原我（Id）的關係的研究依舊不完備——才告訴我們，那個表象其實是個錯覺，相反的，自我不斷往裡面延伸，沒有任何明確的邊界，一直到一個無意識的心理實體裡，我們把它叫作「原我」，對於原我而言，自我宛如一面外牆。然而如果往外延伸，自我至少看似會主張清楚明確的邊界。只有在一種狀態——當然是個不尋常的狀態，但是我們不會貼上病理的標籤——，它才會有所不同。情到深處的時候，自我和客體的界限就會消融於無形。戀人會無視於種種感官的證據，而主張「我」和「你」是一體的，也願意把它當作一個事實。如果生理學的功能都可以暫時揚棄它，那麼任何病變也可能會造成障礙。病理學讓我們認識到許多狀態，在其中，自我和外在世界的劃分不是變得不確定就是劃錯界線了。在若干個案裡，我們身體的某個部位，或是一部分的心理活動，知覺、思想、感覺，看起來會很陌生，宛如不屬於自我，在其他個案裡，他會把顯然源於自我而且被自我承認的東西推給外在世界。所以說，自我感覺也會產生障礙，而自我的界限也不是那麼固定的。

我們進一步思考就會知道：成人的這個自我感覺並不是一開始就這樣的。它應該是經過一個演變，我們當然沒辦法以概念證明它，而只能以相當的概率推想。[2]襁褓裡的嬰兒還沒辦法區分自我以及作為感覺湧現的來源的外在世界。他是在回應種種刺激時漸漸學會區分的。他應該會有強烈的印象，那就是有些刺激源頭（他以後會知道那是身體器官）隨時都在輸送感覺給他，而有些來源則時或會消失——其中包括他最渴望的母親的乳房——他必須哭鬧求助才會把它吸引過來。如是，一個「客體」破天荒地站在自我面前，作為一個存在於「外在世界」的東西，唯有特別的行動才可以迫使它出現。另一個促使自我脫離一般性的感覺材料的誘因，也就是承認一個「外面」，一個外在世界，是源自頻繁的、多樣的、不可避免的痛苦和厭惡的感覺，那是支配範圍無遠弗屆的快樂原則（Lustprinzip）所要揚棄和避免的。於是會產生一個傾向，任何可能導致厭惡的東西，都要把它和自我隔離，把它往外扔，建立一個純粹的快樂原則，在它的對則是一個陌生的、有威脅的「外面」。這個原始的「快樂自我」（Lust-Ich）的界限無法逃脫經驗的糾正。有些東西，人們覺得會使他們快樂而割捨不下，但是它們並不是自我，而是客體，而有些痛苦，人們想要逃脫，到頭來卻證明和自我不可分割，是源自內心的東西。於是人們認識到一種程序，透過刻意的駕馭感官活動，以及適當的肌肉動作，他們可以區分什麼是內在的（屬於自我的）以及外在的（源自外在世界的），並且據此第一次導入那支配著後續發展的現實性原則（Realitätsprinzip）。這個區分當然也有其現實上的目的，也就是讓人抵抗感受到的或者襲上心頭的厭惡感。為了防止內心升起某種厭惡感，自我不得不使用對付來自外在世界的厭惡的方法，這就是許多重大疾患的開端。

如是，自我就脫離了外在世界。或者更正確地說：自我原本涵攝了一切，後來才從自己分割出一個外在世界。我們現在的自我感因而只是一個範圍更大的，是的，一個無所不包的感覺縮水了的殘渣，它正好呼應了自我和環境更加緊密的關聯性。如果我們可以假設這個原始的自我感（或多或少）持存在許多人的心靈裡，那麼他們心裡也會伴隨著成熟期更加狹窄且界限明確的自我感，就像是一體兩面的東西，而對應的觀念內容也會是那種無限的感覺以及和宇宙全體的關聯性，就像我的朋友所說的那種「浩如煙海」的感覺。

可是，我們可以合理地假設原始的東西和後來從它那裡衍生出來的東西並存著嗎？那是毫無疑問的；不管是在心理或是其他領域，這種現象都不算罕見。我們在動物界就可以證實這個假設，也就是高等物種是從低等物種演化而來的。可是我們現在在生物圈裡仍然看得到所有簡單的生命形式。大型爬蟲類動物固然滅種了，而讓位給哺乳類動物，可是牠們不折不扣的代表，鱷魚，仍舊和我們共存著。這個類比或許太迂迴曲折了，而且也沒有說服力，因為仍然存活的低等動物未必就是現在高等動物真正的祖先。作為中間環節的物種往往都絕種了，我們只能透過重構去認識。相對的，在心理領域裡，原始的東西一般都會和從它轉化產生的東西並存，我們甚至沒有必要舉例證明這點。如果有什麼引人注目的，通常是在演變當中產生偏離的結果。某個定量的態度或驅力衝動（Triebregung）依然不變，而另一部分的定量則經歷了進一步的演變。

於是我們來到了關於心理領域的保存的更加概括性的難題，至今還沒有人探討它，可是它實在太引人入勝而且意義重大，所以我們不妨多看它兩眼，雖然理由並不是很充分。自從我們不再誤以為我們屢見不鮮的遺忘意味著記憶痕跡的毀損或消滅，我們會反過來假設說，任何在心靈裡形成的東西都不會消失，所有東西不知怎的都會保存下來，在適當的情況下，例如退行（Regression）夠遠了，它就可以重現。有人以另一個領域來說明這個類比到底在說什麼。我們以永恆城市為例。[3]歷史學家告訴我們，最古老的羅馬是「羅馬方城」（Roma quadrata），是巴拉丁山上的一處圍籬聚落。接著則來到了「七丘之城」（Septimontium）時期，那是個別山丘聚落的聯盟，接下來則是以塞維安城牆為界的城市，而在經歷了所有共和時期以及早期諸位凱撒執政，奧里略皇帝築起城牆圍住了他的城市。我們不想追蹤城市後來的演變，但是我們要問，有哪個遊客，假設他擁有豐富的歷史和地理知識，還會在現在的羅馬裡看到以前這幾個時期。除了若干缺口，奧里略的城牆幾乎原封不動。在某些地方也出土了幾段塞維安城牆，使它們重見天日。如果他的知識夠豐富——超越了現在的考古學家——他或許可以在城市地圖上標示出這道城牆的延伸路徑以及羅馬方城的輪廓。以前這個古老聚落裡櫛比鱗次的建築，現在不復得見，或者只剩下斷垣殘壁而已，因為它們不再存在了。就他對於共和時期的羅馬的知識所及，他頂多只能指出當時的神廟和公共建築的遺址位置。它們現在的位置已經成了廢墟，而且不是它們原本的，而是慘遭祝融和破壞之後的整修遺跡。不消說，自從文藝復興以來的數百年間，古代羅馬的所有這些遺跡早就散落在混亂不堪的大城市裡。有些古蹟仍然可以從城市土地或是現代建築底下挖掘出來。這就是我們在諸如羅馬的歷史城市裡看到的過去事物的保存方式。

現在讓想像馳騁，假設羅馬不是一個人類聚落，而是個心理實體，它有一樣悠久而豐富的過去。在其中，任何曾經出現的東西都不會消失，除了最近的發展階段以外，所有以前的階段仍然繼續存在。對於羅馬而言，這意味著在巴拉丁山上，凱撒神殿以及賽維魯斯（Septimius Severus）的七丘之城依舊巍然矗立，聖天使堡城垛上依舊托著優美的雕像，一直到哥德人圍城之前，它們都妝點著城堡等等。可是不僅如此：在卡法雷利宮（Palazzo Caffarelli-Clementino）所在的地方可能會再度聳立著朱庇特神廟，而不必拆除神廟；而且不只是它最後的形貌，正如帝國時期的羅馬人所看到的，還包括它最早的模樣，當時還是伊斯特拉坎的形式，上面有紅陶的檐口飾。現在羅馬競技場所在的地方，我們或許還可以驚豔於尼祿的金宮（Domus Aurea），在萬神殿廣場上，我們不只會看到哈德良留到現在的萬神殿，在同一塊地上還可以看到阿格里帕原本建造的陵墓；此外，這塊地上更有神廟遺址密涅瓦聖母堂（Santa Maria sopra Minerva）以及古代神廟。參觀者只要換個視線或者位置，就會捕捉到不同的風光。

我們顯然沒有必要繼續馳騁幻想，因為那只會越來越難以想像甚至荒謬。如果我們要以空間的形式來表現歷史的遞嬗，那就只能在空間裡並列：同一個空間裡不能填充兩個不同的東西。我們的嘗試看似無益戲論；它只有一個正當性理由：它對我們證明了，以直觀的方式根本無法掌握心理生活的特質。

還有個反駁意見必須考慮一下。或許有人會問，我們為什麼偏偏要拿城市的過去和心靈的過去做比較。我們假設在心靈裡所有事物也都會保存下來，但是這個假設必須有個條件，那就是心理器官完好如初，它的構造沒有遭受創傷或是發炎。種種可以和這類病因相提並論的破壞性影響，在任何城市的歷史裡從來都沒有少過，就算它們沒有像羅馬那麼變化多端的過往，就算它們像倫敦一樣幾乎沒有遭遇到敵人的肆虐。建築的拆除和改建都是在城市和平發展的過程中進行的，所以這類的城市本來就不適合和心理素質做比較。

我們只得向這個抗議退讓；放棄這個明顯的對比，而轉向再怎麼說都更接近的比較對象，也就是動物或人的身體。可是就算是這樣，我們還是遇到同樣的情況。以前的發展階段在任何意義下都不再存在，它們已經被吸收到後來的階段裡而為其提供材料。我們沒辦法在成人身體裡證明胚胎的存在。孩子的胸腺過了青春期之後就被結締組織取代而再也不存在了；我的確可以在成人的管狀骨裡找到孩子的骨骼輪廓，但是它本身已經消失了，變長又變細，直到它的形態確定下來。所以說，所有前期階段和最終形態的並存，這種現象只有在心靈裡才有可能，而我們也沒辦法以任何直觀的形式說明這個現象。

或許我們在這個假設上面花了太多時間。也許我們只要提出以下的主張就夠了，那就是在心靈裡，過去的東西都可以保存下來，而不一定會被消滅。當然也有可能說，在心靈裡，舊有的東西，不管是正常或是例外情況，也會被擦掉或吸收，完全沒辦法重建或復原，或者說一般而言只有在適當的條件下才會被保存下來。或許是吧，可是我們對此一無所知。我們只能堅持一個事實：在心靈裡，過去事物的保存是個常態，而不是什麼奇怪的例外。

如果我們願意承認，許多人都有「浩如煙海」的感覺，也傾向於把它歸因於自我感覺的一個早期階段，那麼接下來就會有個問題，為什麼有人主張說這個感覺就是對於宗教的需求的起源。

我認為這個主張沒有什麼說服力。一種感覺唯有自身就是某個強烈的需求的表現，它才會是個能量來源。在我看來，對於宗教的需求是源自嬰兒期的無助感以及因而產生的對於父親的渴望，這是毋庸置疑的，尤其因為這個感覺不僅僅是童年的延伸，更是一直有個對於命運的威權的恐懼在支撐著。我想不出來有什麼童年需求類似渴望父親的保護那麼強烈。所以說，浩如煙海的感覺所扮演的角色，或許是渴望恢復不受限制的自戀，便因而浮上檯面。我們可以很明確地把宗教態度的起源追溯到孩子的無助感。或許背後還埋藏著什麼東西，但是目前它仍然隱覆在五里霧中。

我可以想像這個浩如煙海的感覺後來是怎麼和宗教扯上關係的。和天地萬物合而為一，是它的思想內容，似乎是尋求宗教慰藉的第一次嘗試，而另一個方法則是拒絕承認自我在外在世界那裡認識到的危及自身的危險。我必須再次承認，要探討這麼不著邊際的東西，我實在是力不從心。我有另一個朋友，由於貪得無饜的求知欲，從事許多光怪陸離的實驗，使得他對天下事無所不知無所不曉，他信誓旦旦地對我說，只要在瑜伽修行當中出離世間，繫念於身體的功能，以及特殊的調息法，就可以真的在心裡喚起新的感覺以及「一般感覺*」（Allgemein-

* 譯注：指沒有特定部位的身心感覺，又譯為普通感覺。

gefühle, coenaesthesis），他認為那是退行到古老的、被覆蓋在底下的心靈狀態。他說那就是許多神祕主義的智慧的生理基礎。心靈種種莫測高深的變形的關係，諸如恍惚（Trance）和出神（Ekstase）之類的，在這裡也就可想而知了。只不過我突然想起了席勒在《潛水者》（*Der Taucher*）裡的詩句：

> 任誰在這酡紅的光裡呼吸，都要歡喜莫名。

第二章

幸福是人類追求的目標

Das Glück als Ziel des menschlichen Strebens

拙著《一個幻覺的未來》（*Die Zukunft einer Illusion*）與其說是在探討宗教情感的深層源頭，不如說是在談論一般人所認知的宗教，探究整個教義和預言的體系，它一方面以讓人豔羨的完備性澄清這個世界的謎題，另一方面向人保證說，無微不至的天主照顧（Vorsehung）會保守著他的生活，並且在彼岸的存在裡補償種種可能的挫折。這種天主照顧，一般人都只會把它想像成高高在上的父親那樣的人。只有他才知道人子們的渴望，他因為他們的求告而心軟，因為他們的懺悔而息怒。整個畫面顯然完全是嬰兒的視角而遠離現實，任何熟諳人性的思考都難以想像大多數的世人居然無法擺脫這種人生觀。更丟臉的是，現在大多數人們明明都知道這種宗教根本站不住腳，卻要以一連串掩護撤退的戰事逐一為它辯護。哲學家們以為只要以非位格的、虛無縹緲的、抽象的原理取代神，就可以拯救宗教裡的神，而有人或許會想要廁身於信眾之間，以告誡這些哲學家們：「不可妄稱耶和華你上帝的名。」就算以前有什麼偉人這麼做，你們也不可以引用他們的話作證：我們知道他們為什麼不得不這麼做。

我們回到一般人以及他們的宗教，唯一名副其實的宗教。我們首先看到的是我們一位偉大的文學家和智者的名言，談到宗教和藝術以及科學之間的關係。他是這麼說的：

但凡人擁有科學和藝術，
他也就擁有宗教；
但是若有人兩者都沒有，
那麼就讓他擁有宗教吧！[1]

這句名言一方面以宗教對比於人類的兩個極致成就，另一方面則主張說，就其人生價值而言，它們可以代表或取代對方。就算我們要質疑一般人的宗教，我們手裡也顯然沒有像文學家那樣的權威。我們要另闢蹊徑去評斷他的這句話。對我們而言，人生太難了，它給了我們太多的痛苦、失望、無法解決的課題。為了忍受它，若干權宜之計是不可或缺的。（馮塔內〔Theodor Fontane, 1819-1898〕說，我們不能沒有輔助建築。）這些治標的方法大概有三種：強力的轉移注意力

（Ablenkung，偏離、轉向），使我們不再那麼重視我們的苦難；替代性的滿足（Ersatzbefriedigungen），它可以緩解我們的痛苦，致幻藥物，使我們對它比較不敏感。這類的東西是不可免的。[2] 伏爾泰在他的《憨第德》（*Candide*）書末建議大家耕耘自己的花園*，他心裡想的就是轉移注意力；科學的活動也是這類的轉移作用。

至於例如藝術所提供的替代性滿足，則是相對於現實世界的種種幻覺（Illusion），因此它的心理作用不亞於心靈裡的幻想（Phantasie）所扮演的角色。致幻藥物會影響我們的身體，改變它的化學機制。我們很難說應該把宗教擺在這整個序列的哪一個位置。我們必須話說從頭。

人生目的的問題，人們已經問了無數次；他們從來沒有找到滿意的答案，或許根本就沒有。有些提問者會接著說：如果結論是人生沒有任何目的可言，那麼它對人們就一點價值都沒有了。可是這句恐嚇的話並不會改變什麼。人們反而似乎有權拒絕這個問題。它似乎是出自人的驕矜自大，它的許多其他表現方式屢見

---

* 譯注：「『的確如此，』憨第德答道：『無論如何，我們必須在我們的田園裡耕種。』」

不鮮。沒有人談論動物生命的目的，除非它的定義對人們有什麼用處。可是這個問題其實也站不住腳，因為許多動物對人類並沒有什麼用處——除了描述、分類、研究牠們以外——甚至有無數的物種根本談不上研究之用，因為早在人類看到牠們以前，牠們就絕種了。再一次的，只有宗教才知道怎麼回答生命目的是什麼的問題。所以我們大抵上可以說，生命意義的觀念是落在宗教的體系裡的。於是我們轉向沒有那麼嚴苛的問題：我們如何從人的行為舉止認識到他們的人生目的和意圖，他們對於人生有什麼要求，想要在一生中成就什麼？這個問題的答案八九不離十；他們追求幸福，他們想變得快樂而且保持快樂。這個追求有兩個面向，有正面的和負面的目標。一方面，他們想要的是沒有痛苦和不快樂，另一方面則想要經驗到更強烈的快感。狹義的幸福（Glück，快樂）只有指涉後者。對應於目標的二分法，人的行為也會有兩個方向，取決於他們想要實現（偏重或者是二擇一）目標的哪一個方向。

我們注意到，人生目的其實是快樂原則的程序在決定的。這個原則自始即支配著心理機制的運作；就其合目的性而言，那是毋庸置疑的，可是它的程序卻和整個世界格格不入，不管是宏觀宇宙或是微觀宇宙。這個原則根本不可行，萬事萬物的安排都在跟它作對，我們或許會說，人們想要「快樂」的意圖並不在「造物」的計畫之內。狹義的「快樂」是指儘快地滿足種種積壓很久的需求，它本質上只會是個插曲式的現象。快樂原則所渴望的境況若是持續下去，其結果只會是一種平淡的滿足感；我們天生只有在對比之下才會有強烈的快感，對於現狀則往往置若罔聞。[3]因此，我們的種種快樂的可能性早就受限於我們的構造。至於不快樂的感受則沒有那麼困難。煩惱的逼近來自三個方面，其一是來自於自己的身體，它註定要衰老壞滅，就連作為其警訊的疼痛和恐懼也逃不了，其二是來自外在世界，它會以種種壓倒性的、殘酷無情的毀滅力量肆虐著我們，最後則是和他人的關係。源自於此的煩惱或許比任何其他煩惱都更加痛澈心脾；我們習慣於把它當作無妄之災，儘管它和其他煩惱的源頭一樣是命中註定的。

在種種可能的痛苦的壓力下，難怪人們會習慣於降低對於幸福的要求，正如快樂原則在外在世界的影響底下會自己轉換成現實性原則，如果說人們覺得只要可以倖免於不幸或者捱得過痛苦就算是幸福，如果說「趨樂」一般而言沒有「避苦」那麼重要的話。這個思考告訴我們，人們可以就各種道路去找尋這個課題的解答；每個人生智慧的學派都會建議不同的道路，要人們信受奉行。窮奢極欲看似是最誘人的生活方式，可是那意味著只知道享樂而不知道要戒慎恐懼，不久就會自取其禍。以避苦為主要意圖的另一種方法，則是因各自注意到的不同痛苦源頭而異。有些做法很極端，有些則比較中庸；有些是片面的，有些則是分進合擊直指源頭。人們會選擇孤獨，和他人疏遠，以抵擋來自人際關係的煩惱。人們明白到：淡泊寧靜是可以在這條道路上找到的幸福。如果人要獨自解決這個問題的話，那麼他就只能以某種出離的方式抵抗可怕的外在世界。當然也有其他更好的道路，作為人類社群的一份子，憑著以科學領航的技術進擊大自然，使它臣服於人類的意志。於是人們同舟共濟，追求全體的幸福。可是最有意思的「避苦」方法，其實是試圖調伏我們自己的身體。畢竟所有痛苦都只是感覺，唯有我們感覺到它，它才會存在，而我們是因為我們身體的某種構造才會感覺到它。最殘忍卻也最有效的調伏方法是化學的方法，也就是致幻物質。我不認為每個人都知道它的機制，但是的確有些外來物質，如果進入我們的血液和組織裡，會直接使我們產生快感，可是也會改變我們的感官條件，使我們沒辦法接收到痛苦的刺激。這兩種作用不僅是同時，它們似乎是環環相扣的。可是在我們自己的化學反應裡，應該也有類似作用的物質，因為我們知道至少有一種病症，也就是躁症（Manie, mania），不必使用任何致幻藥物就會導致類似吸毒的行為。此外，我們正常人的心理在快感的釋放（Lustentbindung）方面會有難易之分，正如對於苦的敏感程度也會各自不同。可惜對於心理作用的這個毒性反應面，科學的研究仍然不得其門而入。種種致幻物質在趨樂避苦上面的作用一般都被認為是有助益的，使得不管是個人或是民族，都認為它們在原欲經濟（Libidoökonomie）*上佔有一席之地。我們不僅使用這類物質以直接獲得快感，也會相當程度地脫離外在世界。我們知道，借助於「解憂物」（Sorgenbrecher，指酒），人們任何時候都可以逃脫現實世界的壓力，以更好的感官條件托庇於自己的世界裡。可是大家也都心知肚明，致幻物質的這種性質也有它們的危險性以及有害性。在某些情況下，它們會

* 譯注：佛洛伊德用「Ökonomie」，是要強調心理作用的「量化的」和「機械化的」觀點，和一般所謂的「經濟」無關。

讓人浪擲原本可以用來改善人類命運的大量精力。

然而，我們心理機制的複雜結構也容許許多其他影響的方法。正如驅力的滿足是一種快感，在追求滿足時也會招致沉重的煩惱，如果外在世界使我們必須忍飢挨餓，拒絕滿足我們的需求。於是，有人會想要透過調伏本能衝動以解脫一部分的煩惱。這種對治煩惱的方式不再是針對感官，它試圖掌握種種需求的內在源頭。在更極端的方式裡，人會壓抑驅力，就像東方哲人的學說以及瑜伽的修行。如果人們做得到，他當然也會捨棄所有其他俗務（奉獻他的生命）而走上另一條道路，再次的，他只會獲得寧靜的快樂。我們在同一條道路上也可以不那麼極端，只要駕馭驅力就行了。那麼這個駕馭者就是更高的心理權威機構（Instanzen），它早就臣服於現實性原則。然而在這個情況下，滿足需求的意圖並沒有被捨棄，仍然保留了若干對治煩惱的方法，而被侷限在從屬地位的驅力就算沒有得到滿足，也不會像在驅力不受任何約束的情況下那麼痛苦。在對治這個煩惱時，不可否認的會損失許多歡悅的可能性。在滿足一個狂放不羈的、不受自我約束的驅力衝動時的快感，要比滿足一個被馴服了的驅力時的快感強烈得多。變態的驅力的難以抗拒，或許是所有禁忌事物的吸引力，在這裡都找得到一個經濟（ökonomisch）的解釋。

另一個避苦的技巧是應用原欲的轉移（Libidoverschiebung），那是我們的心理機制所允許的，據此它的功能可以更加靈活輕捷。我們要解決的課題是轉移驅力的目標，讓它不致於被外在世界拒絕。驅力的昇華（Sublimierung）於此也可以作為奧援。如果人們知道要在心理和知識的工作源頭那裡獲得足夠的快樂，他就會越加怡然自得。若是如此，命運就再也沒辦法那麼捉弄人了。這類的滿足，例如藝術家在創作當中，把他的想像具象化，或者是科學家在解答難題，認識真理，都有個特別的性質，我們有一天應該可以用後設心理學（metapsychologisch）的觀念去描述它。可是眼下我們只能以比喻的方式說，它似乎是「更細膩且更高」的東西，相較於粗糙的、原始的本能衝動，它的強度便相形見絀；它不會撼動我們的身體存在（Leiblichkeit）。可是這個方法的缺點在於它沒辦法一體適用，只有某些人才做得到。這樣的人必須擁有非一般人所能及的特別氣質和天賦。且就算對於這些少數人而言，這個方法也不一定可以讓他們完全免於煩惱，它並沒有讓人穿上堅不可摧的甲冑以抵擋命運的飛矢，而每當自己的身體就是煩惱的源頭時，它也往往會失效。[4]

如果說這個方法已經明白透露了想要在內心的心理歷程裡追求滿足而擺脫外在世界的意圖，那麼在下一個程序裡，這個特徵會更加突顯。它和現實世界的關係會更加淡薄，而從種種幻覺那裡獲得滿足，人們會認識到幻覺本身，而不會因為它偏離了實在世界而妨礙了它的歡悅。想像的世界是產生幻覺的區域；就在現實感漸漸成形之際，這個區域顯然豁免於現實的檢驗，它的作用就是要滿足種種難以實現的願望。這種透過想像而獲得的滿足，莫過於藝術工作當中的歡悅，而就算是自己並沒有創造力的人們，也可以領略到這種以藝術家為中介的歡悅。[5]只要人感受得到藝術的影響，都會把它推崇為快樂的源頭和生命的慰藉。但是即使藝術使我們陷入輕微的麻醉狀態，那也只是暫時脫離生活的種種困厄，沒有強烈到使我們忘卻現實的苦難。

還有另一個更激烈且根本的方法，它把現實世界視為唯一的敵人以及所有煩惱的源頭，這個源頭會讓人活不下去，所以說，如果人想要究竟離苦得樂，就必須捨棄所有關係。遁世者厭離這個世界，不想和它有什麼牽扯。可是人可以有更多方法，他可以想要改造世界，打造另一個世界，消除所有讓人難以忍受的特徵，以符合自己的願望的特徵取而代之。但是任何人不顧一切地反抗世界，而走上這條追求幸福的道路，到頭來往往一無所穫。對他而言，現實世界太強大了。他會變成一個瘋子，在堅持自己的妄想時，沒有任何人可以幫助他。可是有人主張說，我們每個人在某個方面的行為舉止都會類似於妄想狂（Paranoiker），他會形構一個願望以矯正世界裡讓他受不了的面向，並且把這個妄想導入現實世界。大多數人會試圖以妄想改變現實世界，藉此趨樂避苦，這是值得我們深思的。我們也應該把人類的所有宗教都定調為這類的集體妄想。

我不認為我完整羅列了所有趨樂避苦的方法，我也知道有其他分類的方法。其中有個程序我沒有提到；不是我忘了，而是因為我們在其他脈絡下會探討到它。而且人怎麼可能忘記這個生活藝術的技術！它的特點正是所有特徵極其荒誕的湊泊。它當然也努力要掙脫命運的擺佈（我們最多只能這麼說），為此它轉向內在心理歷程的滿足，利用上述的原欲的可轉移性，可是它並沒有捨棄外在世界，相反的，它會執持它的客體，在和客體的情緒關係裡獲得快樂。而它也不會滿足於「避苦」這種厭世的目標，它對這種心態不屑一顧，反倒天真而熱情地追求積極地實現幸福。或許它其實比任何其他方法都更接近這個目標。我說的當然是那種人生取向，它以愛為中心，盼望在愛和被愛當中得到滿足。我們大家當然都對於這種心理態度知之甚詳：愛的其中一種表現形式，也就是性愛，那是讓人神魂顛倒的快感的極致經驗，可以說是追求快樂的一種模範。有什麼比執著於在這條道路上遇見的第一個快樂更自然的事呢？這個生活技巧的缺點也是顯而易見的；要不然人們也不會捨棄這條追求幸福的道路而另闢蹊徑了。那是因為陷入情網的人對於痛苦最沒有抵抗力，也沒有比失去所愛的對象或是它對我們的愛更無助而不幸的。可是以愛的快樂價值為基礎的生活技巧並不能就此蓋棺論定，我們還有很多要探討的。

接著我們可以提到一個有趣的情況，也就是在美的歡悅裡找尋人生幸福，不管是呈現在我們的感官或是判斷力前面的美，人類的形象和姿態的美、自然事物和風景的美、藝術和科學創作的美。這個對人生目標的美感態度，對於痛苦的威脅沒有什麼招架之力，卻可以讓許多人得到補償。美的歡悅有一種讓人心醉神馳的特殊感覺性格。美並沒有什麼明確的用處，人們看不出來它在文化裡的必要性，可是文明不能沒有它。美學研究我們在什麼條件下會感覺到事物是美的，但是它一直無法解釋美的本性和起源，於是只會以高亢而空洞的說法掩飾它的徒勞無功。可惜心理分析對於美這種東西更是隻字不提。我們唯一確定的是，它是衍生自性愛感覺的領域。它似乎是壓抑了目的（zielgehemmt）的衝動。「美」和「魅力」原本都是性愛對象的屬性。值得注意的是，性器本身，當人看到它的時候，總是會很興奮，可是不會認為它是美的，相反的，若干第二性徵才被認為具有美的性格。

儘管不是很完備，我還是想就我們的研究作一個結語。快樂原則促使我們產生快感的整個程序是不可能完成的，可是我們不應該也不可能放棄想辦法完成它的意圖。我們可以選擇任何一條天差地遠的道路，或者是著重於目標的積極面向，也就是趨樂，或者是它的消極面向，也就是避苦。可是沒有任何一條道路可以讓我們得到我們欲求的東西。在我們認為可行而打了折扣的意義下的快樂，是個人原欲經濟的問題。我們並沒有可以一體適用的建議；每個人都必須自己去找尋屬於他的幸福道路。形形色色的因素都在支配著他的選擇。重點在於他可以期待從外在世界那裡得到多少真正的滿足，他可以擺脫它的束縛到什麼程度，以及他覺得自己有多少力量可以依據他的願望去改變世界。撇開外在環境不說，個人的心理素質也扮演決定性的角色。性欲強的人會重視和他人的情緒關係，自得其樂的自戀者會在他的內在心理歷程裡找尋滿足。行動派的人不會放棄可以用來測試其力量的外在世界。在這些類型之間搖擺不定的人，他的天賦種類以及對他而言可能的驅力昇華則會決定他的興趣方向。如果他選擇的生活技巧短綆汲深，那麼任何極端的決定都會使個人自取其禍。正如謹慎的生意人不會把所有雞蛋都放在同一只籃子裡，或許人生的智慧也會告訴我們不要期望在單一的抱負裡獲得所有的滿足。沒有人敢說他一定成功，它取決於許多因素的因緣際會，或許僅僅取決於心理素質是否有能力調整其功能以適應環境並且利用環境獲得快樂。但凡人天生擁有一種特別不利的驅力構造，也沒有確實完成對於日後的功能而言不可或缺的原欲元素的改造和重組，他就難以在外在境況裡獲得快樂，特別是當他眼前的處境比較艱難的時候。作為一種至少可以讓他得到替代性滿足的萬不得已的生活技巧，他可以選擇逃遁到精神官能症裡，他往往在年輕的時候就這麼做過。當人日後在追尋快樂時遭遇到挫敗，會以長期酗酒的快樂作為慰藉，或者會表現出可見於精神病的絕望叛逆行為。

宗教妨礙了這種選擇和調適的表演，因為它一視同仁地要求人們遵循它的趨樂避苦的道路。它的手段在於貶低生命的價值，以妄想的方式扭曲現實世界的形象，其預設是要怖畏恫嚇人的理性。宗教強迫人們固著（Fixierung）於一種心理幼稚症（psychologischer Infantilismus），把人們拉進一種集體妄想（Massenwahn）裡，以此為代價而讓許多人不至於罹患個人的精神病。但是也僅止於此；如前所述，人可以有許多追尋幸福的道路，但是沒有一條道路可以保證到達目的地。就連宗教也沒辦法信守它的承諾。如果一個信徒到頭來不得不說神的「判斷何其難測」*，那麼他就是承認了唯有無條件的順服才是他在苦難當中最終的可能慰藉和快樂來源。而如果他準備這麼做，或許他再也不必選擇什麼迂迴的道路。

* 譯注：見：《羅馬書》11:33。

第三章

文明裡的抑鬱的原因

Gründe für das Unbehagen in der Kultur

我們關於幸福的探究至今談的多半是路人皆知的事。就算我們接著問為什麼人們要快樂這麼困難，似乎也不會有什麼讓人耳目一新的答案。當我們指出痛苦的三個源頭時，就已經回答了上面的問題：自然的不可抗力；我們自己身體的脆弱；以及用以規範家庭、國家和社會裡的人際關係的種種體制的不完備。就前兩者而言，我們的判斷不會遲疑太久。它會迫使我們承認這兩種痛苦，而屈服於那不可避免的力量。我們永遠都沒辦法完全支配自然，我們的生命體本身就是自然的一部分，它永遠是個朝生暮死的、不管在適應和功能上都有其侷限的身體構造。認識到這點並不會讓人頹然興嘆；正好相反，它會為我們的行動指引方向。就算我們無法擺脫所有痛苦，我們至少可以消除某些痛苦，減輕某些痛苦，數千年的經驗讓我們對此深信不疑。至於第三種痛苦，社會方面的痛苦源頭，我們的態度就不一樣了。我們根本就不把它當一回事，也不明白為什麼我們創造出來的體制沒辦法保護且造福所有人。然而，如果我們想到這個方面的痛苦怎麼躲也躲不掉的話，那麼我們或許會猜想它背後是否還隱藏著另一種痛苦，這次則是我們自身的心理構造的問題。

我們在思考這個可能性時，遇到一個讓人瞠目結舌的主張，而不得不想要駐足一探究竟。有人主張說，我們所謂的文明要為我們的苦難負很大的責任，如果我們捨棄它而回到初民狀態，應該會幸福很多。我之所以說它令人咋舌，那是因為不管「文明」一詞如何定義，我們還是認為所有試圖防範來自痛苦的威脅的舉措都是文明的一部分。

為什麼有那麼多人抱持著這種仇視文明的奇怪立場呢？我認為其基礎是對於既存文明的一種深層的、存在已久的不滿，由於某些特定的歷史事件才會這麼定罪它的。我想我們都知道最近兩次事件是什麼；礙於學識所限，我沒辦法把整個因果關係追溯到人類歷史的某個地方。光是基督宗教戰勝所有外邦人宗教的這個歷史事件，就有這種仇視文明的成分在裡頭。因為它和基督教的信理裡貶抑俗世生活的傾向脫不了關係。倒數第二次事件，是指人類在探險旅行當中和原始民族以及部落的接觸。在有限的觀察以及對於他們的倫理和習俗的誤解下，他們在歐洲人眼裡似乎是過著一種淳樸的、少欲知足的、幸福的生活，那是這些文明程度更高的訪客難望其項背的。後來更多的經驗則修正了這類的判斷：在許多例子裡，觀察者看到他們的生活閒適愜意，而誤以為那是因為他們沒有那麼複雜的文明需求，但是其實是因為他們天性的慷慨大方和懶散。至於上一次的事件，我們尤其感同身受；那就是我們開始認識到精神官能症的機制，它有可能侵蝕掉文明人僅存的一點幸福。我們明白到，人之所以會罹患精神官能症，那是因為他無法承受社會基於文明的理想而加諸他身上的挫折，我們也由此推論說，若是放棄或是減少這些要求，人就會重拾種種快樂的可能性。

人們還有另一個失望的因素。在以前的世代裡，人們在自然科學以及它在科技上的應用上突飛猛進，人類也以從前難以想像的方式支配自然。我們對於人類所有的進步都如數家珍，不必一一列舉。人們對於這些成就相當自豪，他們也有驕傲的權利。可是人們似乎觀察到，他們總算可掌握時間和空間，數千年來人類征服自然力量的渴望終於實現，而他們所期望的生活的舒適愜意也都成真，但是那並沒有讓他們覺得更快樂一點。我們認識到了這個事實，應該就可以推論說，對於自然的支配力量並不是人類幸福的唯一條件，也不是文明所要努力達到的唯一目標，但是我們不會因而就推論說，科技的進步對於我們的幸福的經濟沒有任何價值可言。有人會反駁說，它難道不算是一種積極的趨樂，一種快感的明確增長，如果我可以時常聽到住在幾百公里外的孩子的聲音，如果我可以在最短的時間內知悉一個朋友辛苦地飄洋過海而終於上岸了？那難道不是意味著醫藥大幅降低了嬰兒的死亡率以及產婦的感染危險，並且把文明人的平均壽命延長了好幾年？這個備受非議的科學和科技進步的年代，我們受惠於它的福祉不勝枚舉——可是悲觀主義的批評依然時有所聞，它警告人們說，這種滿足大部分都只是沿襲在若干軼事裡被歌頌的「廉價享受」的模式。只要在寒冷的冬夜裡把沒穿襪子的腳伸出被子外面然後再縮進來，人們就會得到這種快感。要不是鐵路征服了距離，孩子也不會離鄉背井，人們也不必打電話才聽得到他們的聲音。要不是人們可以搭船渡海，我的朋友也不會航行海洋，我也不必憑著電報才平息對他的擔憂。如果說嬰兒的死亡率是限制我們生兒育女的數量的主要方法，那麼我們為什麼要降低它呢？整體而言，我們撫養子女的數量並不必比衛生條件不及我們的時代更多，然而我們在婚姻裡的性愛卻是每況愈下，而且有可能違背了天擇的好意。如果生活艱困，毫無樂趣，而且充滿痛苦煩惱，死亡反而可能是我們夾道歡迎的救世主，那麼人活那麼久要做什麼呢？

我們似乎可以確定我們在現在的文明裡並不快樂，可是我們也說不上來以前的人們是否覺得更快樂或者有多麼快樂，而他們的文明條件在這方面到底扮演什麼樣的角色。我們大抵上習慣於客觀地理解他人的不幸，以我們自己的種種渴求和感受融入那些境況，設身處地思考是什麼使他們感到快樂和痛苦的。這種觀察事物的方法忽略了種種主觀感受而看似客觀，但是它其實再主觀不過了，因為它不管他人的心理狀態是什麼，就以自己的心理狀態取代了它。然而快樂其實是很主觀的東西。或許有些人的境遇把我們嚇壞了，例如古代櫓艦上划槳的奴隸、是三十年戰爭裡的農民、宗教裁判所的受害者、遭到大屠殺的猶太人，可是我們是不可能同理這些人的，也沒辦法想像由於天生的遲鈍、日積月累的疲勞昏沉，期望的心態以及比較簡陋或嚴謹的麻醉方法，會導致對於快樂和痛苦的感受力的改變。其次，在極端痛苦的情況下，人會啟動特別的心理防衛機制。我覺得往下探究這個問題並不會有太多的收穫。

現在我們要關切的是文明的本質，尤其是因為我們剛才質疑它在追求幸福方面的價值。我們不會要求對於其本質一言以蔽之的說法，而是在探究的過程當中認識它。現在我們只需要再一次說[1]，「文明」指的是種種成就和慣例的總和，我們據此而有別於我們的動物祖先，而且滿足兩個目的：保護人們對抗自然，以及規範人們的相互關係。若要更深入地認識它，我們就要個別地搜尋文明表現在人類社群裡的種種特徵。我們會不假思索地依據語言的用法，或者是說語感，相信我們可以正確處置那些無法以抽象語詞描述的內在洞見。

開頭很簡單。任何有助於我們利用地球以對抗自然力量之支配的行為和資源，我們都承認它們是文明的事物。就文明的這個面向而言，至少是毋庸置疑的。如果我們接著回溯，我們會看到最早的文明行為是使用工具、馴服火以及建造屋舍。其中馴服了火更是相當特別而史無前例的成就[2]，而人類開闢的其他道路及其誘因也不難猜想得到。人以他所有的工具使他的器官——不管是運動器官或是感覺器官——臻於完美，或是排除它們在功能上的限制。馬達提供他巨大的力量，讓他如臂使指，有如肌肉一般揮灑自如；有了船舶和飛行器，江河海洋或是天空都無法阻擋他的移動；有了眼鏡，人就可以矯正他的眼睛的水晶體的缺陷，有了望遠鏡，他可以看到遠方的事物；憑著顯微鏡，人可以克服他的視網膜結構被劃定的能見度。他創造了照相機這種工具，就可以捕捉到稍縱即逝的視覺印象，正如唱片為他保存了彈指之間的聽覺印象，這兩者都是他天生的記憶和回憶能力的物質化。有了電話之助，他可以聽到遠方的聲音，那對他而言就像是童話一般遙不可及的事；書寫本身原本就是一個不在場的人的語言；屋舍是母親子宮的替代物，那是人們第一個、或許是一直渴望的棲所，在那裡，人會感到安全而舒適愜意。

人憑著科學和科技而在地球上創造出這些東西，原本在地球上，他只是個脆弱的動物生命體，他的物種每個個體都必須以一個無助的嬰兒形象來到地球上——「唉，你這個可憐的小傢伙」——*，這些東西不僅僅聽起來宛如童話一般，它們其實就是所有——不，應該是大部分的——童話願望的實現。所有這些資產，人們都可以把它們叫作文明的效益。自古以來，人就形構了一個全知全能

* 譯注：引自莎士比亞《沉珠記》第三幕第一場：「當你初生的時候，你已經遭到無可補償的損失；願慈悲的神明另眼照顧你吧！」

的理想的想像，這個想像就體現在他們的諸神身上。他們把無法實現的——或是被禁止的——願望都寄託在諸神那裡。因此我們可以說，這些諸神是文明的理想。而今人們的理想差不多都要實現了，他自己也就要變成神了。當然，理想是否實現，通常是依據人類的一般性判斷。如果沒有完成，在某些劇本裡或許是一無所獲，而在其他劇本裡則可能是半途而廢。人成了所謂義肢神，當他接上所有輔助器官，他真的就變得不可一世，可是那些器官並沒有和他連生在一起，有時候反而成了累贅。不管怎樣，他可以合理地安慰自己說，在一九三〇年的當下，這個發展還沒有走到盡頭。未來在這個文明領域還會有不可思議的卓越進步，似神性（Gottähnlichkeit）的程度也會更上層樓。可是就我們的研究旨趣而言，我們不要忘了，即使現在的人與神相似，他並不覺得快樂。

因此，如果一個國家裡，人們習慣使用所有事物以協助人們在地球上開物成務，並且保護人們對抗大自然的力量——簡言之，一切都可以為人們所用——，那麼我們就會說那個國家的文明程度很高。在這樣的國家裡，有氾濫成災之虞的河流，人們會加以疏濬，開鑿溝渠把河水引到乾旱的地區。他們會深耕易耨，種植適合養活他們的作物，他們會勤奮地開採礦產，鑄造成種種工具和器皿。交通工具指不勝數，快速而安全可靠，危險的野生動物瀕臨絕種，家畜品種層出不窮。可是我們對於文明還有其他要求，值得注意的是，我們就在同一個國家裡期望實現它們。就算我們或許會想要否認自己提出的第一個要求，但是看到別人如何認真投入那些看似沒有實用價值的事物，沒有任何用處的東西，我們也會欣然接受那就是文明的特徵，例如說，在城市裡作為遊樂場和城市之肺的公園綠地上栽種花圃，或者是在住家窗台上擺設盆栽。我們很快就看到了，我們認為文明應該珍惜的那個沒有用的東西就是美。我們期望文明人在大自然裡和美相遇的時候可以讚嘆它，並且盡其所能在他的手工藝裡創造美。我們對於文明的要求似乎永不窮竭。此外我們也期待看到種種整齊清潔和秩序的表現。莎士比亞時代英國鄉鎮的文明程度讓我們有點不敢恭維，當我們讀到他說父親在斯特拉福（Stratford）的屋子外有一大坨排泄物的時候；我們在維也納森林小徑看見到處丟棄的廢紙，會忿忿然大罵那些人真是「野蠻」，而野蠻正好和文明是對立的。任何形式的髒亂對我而言都是和文明不相容的。我們也會把對於整潔的要求擴及於人類身體。太陽王（Roi Soleil）路易十四的身體居然會發出惡臭，我們聽了應該都會瞠目結舌，而當我們看到拿破崙在貝拉島（Isola Bella）早上如廁時的小洗臉盆，也會大搖其頭。的確，如果直接把使用肥皂的習慣當作文明的評量標準，我們也不會太訝異。可是儘管我們沒辦法期待大自然也那麼整齊清潔，卻可以側耳傾聽到大自然的秩序；我們觀察到天文學上嘆為觀止的規律性，它不只為人類提供了把秩序導入生活的模型，也是第一個支點。秩序是一種強迫性重複（Wiederholungszwang），當某個規範塵埃落定，秩序便決定了某個行為的時機、場合和方式，使得人們在類似的情況下省卻了猶豫和搖擺不定。秩序的好處是不可否認的，它讓人們可以充分利用時間和空間，又可以保存他的種種心理力量。我們應該有理由期待秩序一開始就自然而然地遍在於人的行動裡；如果不是這樣，我們才要驚訝吧——如果人類在工作的時候表現出天生的漫不經心、反覆無常和不可靠，必須接受辛苦的訓練才能夠效法他們在天上的榜樣。

美、整潔和秩序顯然在文明的種種要求當中佔有相當特殊的地位。我們不會說它們像支配自然力量以及其他我們必須認識的因素那樣在生活裡不可或缺，但是也沒有人認為它們只是無關緊要的東西而棄之不顧。我們不能僅僅就實用層面去思考文明，美就是其中一個例子，我們也不想在文明的種種需求當中忽略了它。秩序的用處顯而易見；至於整潔，我們要想到我們也有衛生的需求，也可以猜想到，在預防醫學興起之前的時代裡，人們對於兩者的關聯性並不陌生。然而實用性並不能完全解釋人的所有追尋，應該還涉及其他因素。

然而，我們認為文明的特徵莫過於它對於層次更高的心理活動的重視和鼓勵，也就是知識的、科學的、藝術的成就，以及它賦予「觀念」在人類生活裡的領袖角色。在這些觀念裡，宗教體系應當居首位，我在其他地方已經試圖說明過它錯綜複雜的結構。其次則是哲學思辨，最後則可以說是人們的理想，以及他們對於個人、民族和整體人類可能的盡善盡美的種種想像，以及基於這些想像而提出的要求。這些創造物並不是互不相屬的，而是緊密交織在一起，這使得我們在描述它們及其心理衍生物的時候特別困難。如果我們概括性地假設說，人類所有行為的動機都在於追尋以下兩個殊途同歸的目標，也就是實用性和獲得快樂，那麼我們就應該假定上述的文明的種種表現也是如此，雖然只有在科學和藝術的活動上才顯而易見。但是我們不能懷疑其他行為可能也是在呼應人的強烈需求，儘管可能是少數人才有的需求。我們也不應該被對於任何個別的宗教或哲學體系以及這個理想的價值判斷誤導了。不管認為它們是人類思想的極致成就或者痛惜它們誤入歧途，我們都必須承認，它們的存在，特別是它們的風行草偃，都意味著一個文明的高度發展。

文明最後一個特徵，它當然也相當重要而值得我們思考一下，那就是人們的相互關係，社會性關係，是如何被加以規範的，不管是作為鄰人、助手、彼此的性愛對象、家庭成員或是國民。我們在這裡特別難以撇開個別的理想要求而概括性地探討文明本身，也許我們首先可以說明一下，文明因素的粉墨登場就是初步地試圖規範這些社會關係。如果沒有這些嘗試，那麼這些關係就會淪為個人的恣意：也就是說身體比較強壯的人可以就其自身的利益和本能衝動去決定它們。如果這個強者遇到更強的人，情況也是一樣。唯有多數人聚在一起，團結起來，因而比任何個人都更強大，也可以對抗任何個人，人類的共同生活才有可能存在。於是，這個共同體的力量作為一種「權利」起而和被指責為「凶殘野蠻的力量」

對立。以一個共同體的力量取代個人的力量，是文明決定性的一大步。它的本質在於共同體的成員自我約束其種種可能的滿足，而個人則視這些約束於無物。因此，文明的第一個要求就是正義，也就是保證既定的法律秩序不會因為一己之私而被破壞。這裡並不是說這樣的法律具有什麼倫理價值。文明演進的下一步似乎就是致力於讓這種法律不再是一小群人——種姓、社會階層或是種族——的意志表現，相對於其他範圍更大的群眾，他們的行為宛如另一種暴力的個人。一個法律的實際效果應該是使所有人——至少是有社會能力的人——，捐棄其驅力而貢獻一己之力，不要讓任何人——除了少數例外——淪為殘忍暴力的受害者。

個人的自由並不是文明的財產。在任何文明產生之前，人才是最自由的，儘管大多時候沒有什麼價值，因為個人幾乎不必捍衛它。由於文明的演進，自由遭受到種種限制，而正義要求每個人都不應該豁免於那些限制。在一個人類共同體裡，對於自由的渴望或許是要對抗某種既存的不義，而且到頭來也有助於文明接下來的演進，因而可以和文明和平相處。可是這個渴望也可能是源自拒絕被文明馴服的原始人格的殘餘物，因而成為對於文明的敵意的基礎。因此，對於自由的渴望是要反抗特定的文明形式和主張，或者是反抗文明本身。人似乎不會因為某個影響而把他的天性變成一隻白蟻的天性，他會一再捍衛他對於個人自由的主張，而反抗群眾的意志。人類的種種拉扯角力，大部分是為了在個人的主張以及群眾的文明主張之間找到實用性的（也就是可以獲得幸福的）平衡。特定的文明形式是否可以獲致這樣的平衡，或者說這個衝突是否無法調停，這是個攸關人類命運的問題。

我們會讓我們的共同感受去決定人類生活的哪個特徵是文明的，我們對於文明的整體觀念有個清晰的印象，當然起初那些都是大家都熟悉的東西。我們同時也小心不要落入成見當中，以為文明和完美化是同義詞，是為人類預定了走向完美的道路。可是現在有個或許會另闢蹊徑的觀點湧上我們心頭。我們覺得文明的演進是個在人類身上進行的獨特歷程，我們其中有些人或許覺得似曾相識。我們可以把這些變化類比為我們熟悉的人類驅力天性，而它的滿足則是我們人生的經濟課題。有些驅力會被消耗殆盡，而在個體當中出現了所謂的性格特質取而代之。我們在青少年的肛門情欲（Analerotik）那裡看到了這個歷程最引人注目的例證。他們原本對於排泄功能、它的器官和產物的興趣，隨著他們的成長而蛻變成我們都很熟悉的一群特質，我們知道它們是節省、對於秩序和整潔的癖好，原本是有價值而欣然可喜的特質，卻駸駸然佔了上風，演變成所謂的肛門期性格（Analcharakter）。我們不知道何以致此，但是這個發現的正確性是毋庸置疑的。

3 我們發現到秩序和整潔是文明的基本要求，儘管它們在生活的需求上不是很明確，更不用說它們是否算得上歡悅的來源。在這裡，我們不由得想到文明歷程和個人的原欲發展之間的相似性。其他的驅力也可以轉移其滿足的條件，引導到其他道路上。在大多數的情況下，這個歷程和我們大家都熟知的（驅力目標的）昇華過程殊途同歸，有些情況則是它的分支。驅力的昇華是文明演進特別顯著的特徵；它促使層次更高的心理活動——科學、藝術和意識形態——在文明世界裡扮演舉足輕重的角色。如果我們對第一種印象讓步，就應該會試圖說昇華本身是完全被文明擺佈的驅力變化。可是我們最好再思考一下。第三，也是最重要的，我們不要忘了，文明大抵上是奠基於驅力的放棄，它是以強大的驅力的不滿足（壓抑〔Unterdruckung〕、潛抑〔Verdrängung〕或其他什麼之類的？）為前提的。

這個「文明的駁回」（Kulturversagung）支配著人類社會關係的領域，我們已經知道它就是所有文明都要面對的敵意的原因。它也會對於我們的科學研究提出嚴苛的要求，我們在這裡必須詳加說明。我們會難以理解人們怎麼可能會拒絕滿足驅力。而且那麼做也不是沒有風險的。如果這個損失沒有在經濟上得到補償，我們可以很確定嚴重的病症就會接踵而至。

但是如果我們想要知道，把文明演進理解為一種類似於個人正常的成熟的特殊歷程，這種看法到底有什麼價值，那麼我們顯然應該探討另一個問題，文明演進的起源受到什麼影響，它是如何興起的，以及它的道路是什麼東西決定的。

第四章

文明的兩大支柱：愛神和阿南克，愛和匱乏

Zwei Säulen der Kultur: Eros und Ananke, Liebe und Not

這個任務似乎很艱鉅，在面對它的時候，人難免會望洋興嘆。以下是我所能提出的若干臆斷。

在初民發現他們可以憑著雙手以勞動改善他們在地球上的際遇時，其他人是否要和他合作或者是和他作對，那就不再是無關緊要的事了。對他而言，他人擁有合作夥伴的價值，和他們共同生活是有幫助的事。在更早以前，在類人猿的史前時代，他們就有組成家庭的習俗。家庭的成員或許是他們的第一個助手。或許家庭的組成和以下的因素有關，那就是對於性器滿足的需求再也沒辦法像客人一樣突然造訪，而離開之後又杳無音訊，而必須像長期房客一樣安頓下來。為此，男性就有了在身邊擁有一個女性的動機，或者一般性地說，他的性愛對象；至於不想和她們無助的孩子分開的女性們，在這個利害關係當中也應該會和更強壯的男性在一起。[1]在這樣原始的家庭裡，我們還看不到文明的一個基本特徵；族長和父親的恣意專斷是沒有任何限制的。在《圖騰與禁忌》（*Totem und Tabu*）裡，我試圖指出從家庭演變到以兄弟會為形式的團體生活的那條道路。在父親的威權底下，兒子體驗到團結的力量比個人更強大。圖騰的文明是奠基於兒子們為了支撐一個新狀態的相互限制。圖騰的規定是最早的「法律」。人類的共同生活因而有兩個基礎，其一是因為外在的困境（匱乏）而不得不勞動，其二則是愛的力量，它使男人不想失去他的性愛對象，也就是女人，而女人也不想失去從她的身體裡分娩出來的孩子。愛神（Eros）和阿南克（Ananke）*也成了人類文明的雙親。第一個文明成就，是就算人數再多也可以一起生活在共同體裡。而且既然這兩股巨大的力量攜手合作，人們或許會以為接下來的文明演進會水到渠成，對於外在世界的支配更加得心應手，共同體裡的人數也不斷擴大。人們很難想像這個文明為什麼會讓它的成員不快樂。

在我們探討某個障礙的源頭之前，既然認識到愛是文明的基奠，我們不妨離題一下以補充上面的論述。我們說過，性愛（性器的愛）賦予人最強烈的滿足感，它其實就是所有快樂的藍本，當人認識到這點，他就應該知道要在性愛關係的領域裡繼續追尋人生裡的快樂滿足，把性器的情欲擺在生活的中心點。我們還

* 譯注：希臘神話裡主司命運和必然性的神。

要說，當他這麼做的時候，他會更加冒險地依賴外在世界的某個部分，也就是他選擇的愛的對象，而如果對方拒絕他，或者因為出軌或死亡而失去對方，他則會痛苦不堪。所有時代的智者為此都再三告誡人們遠離這種生活；可是對於許多人而言，它一直沒有失去它的魅力。

少數人天生就知道要在愛的道路上追尋快樂，可是如此一來，愛的作用導致的大規模的心理變化也就在所難免。這些人並不在乎對方是否同意，他們把重視的價值從被愛轉移到愛別人；他們不是只愛一個對象，而是平等愛所有人，因而沒有失去所愛的對象的問題，他們也會轉移其性愛的目標，把驅力轉變成壓抑了目的的感情，而避免性器的愛的搖擺不定和失望。如是，他們為自己營造了一種波瀾不興的（gleichschwebend）*、堅定不移的、溫柔的感覺狀態，而和有如狂風暴雨一般的性器的愛沒有任何外在的相似性，儘管它是衍生自性器的愛。聖方濟（Franciscus von Assisi）或許相當擅長為了內在的幸福感覺而利用這樣的愛；我們

* 譯注：坊間譯作「平均懸浮」，不知所云，有待商榷。

所謂快樂原則的實現技巧，也屢屢可見於和宗教的關係當中；這種關聯性或許也存在於偏遠地區，他們並不是很在意自我和客體、客體和客體之間的區別。根據一個深層動機還不是很清楚的倫理學觀點，這個對於全體人類和世界的愛的意願，是人所能企及的最高態度。我們在這裡不想閉口不談我們的兩個主要疑慮。一個沒有揀擇的愛，我覺得牴觸了它自身的部分價值，因為那對於它的客體並不公平；其次，也不是所有人都值得我們去愛。

作為家庭的基奠的那種愛會在文明裡接著起作用，不管是保持原本的模型，也就是沒有捨棄直接的性愛滿足，或者是它的變型，那是一種壓抑目的的情感。在任何模型裡，它都持續著把許多人凝聚在一起的作用，而且比互助合作的利益更加緊密。人們在使用「愛」這個語詞時的疏忽，有其遺傳學上的理由。人們所說的愛，一般是指男女關係，他們基於性器的需求而組成家庭，可是愛也是親子之間、兄弟姐妹之間的正向感覺，雖然我們把這個關係形容為壓抑目的的愛或者親情。壓抑了目的的愛原本也是相當肉欲的愛，在人的無意識裡依然如此。這兩者，肉欲的愛以及壓抑目的的愛，它們都超越了家庭，在原本陌生的人們之間產生了新的凝聚力。性器的愛導致新的家庭的形成，而壓抑目的的愛則導致在文明裡相當重要的各種「友誼」，因為它們排除了性器的愛的若干限制，比方說它的排他性。可是在演變的過程裡，愛和文明的關係失去了它的單義性。一方面，愛和文明的利益相互牴觸，另一方面，文明也以許多敏感的限制威脅著愛。

這個分裂似乎是不可避免的；其理由不是一下子就可以明白的。它起初是表現為家庭和個人所屬的更大團體之間的衝突。我們猜測文明有個主要的意圖，那就是把人們揉捏成許多大單位。可是家庭不想放走個人。家庭成員彼此的連結越是緊密，就越不想和別人來往，也更加難以融入更大的生活圈。在系統發生學上（phylogenetisch）比較早期的、在童年唯一存在的共同生活模式，會拒絕被後來習得的文明模式取代。脫離家庭成了每個青少年的課題，而社會則會以成年禮和入會禮支持他解決這個課題。在我們的印象裡，這些都是附屬於所有心理的、基本上還包括所有器官的發展的難題。

此外，女性不久就會站在文明浪潮的對立面，並且展現她們遲滯（verzögernd）和抑制（zurückhaltend）的作用，正如女性起初以愛的要求為文明奠立基石。女性代表著家庭和性愛的利益；文明事務漸漸都落到男人身上，它賦予男人的任務越來越艱鉅，迫使他們昇華其驅力，那是女性難以做到的事。男人可以支配的心理能量畢竟有時而窮，他們必須務實地分配原欲才有辦法完成任務。他耗費在文明目的上的，大部分是他從女人以及性愛那裡抽出來的：他和其他男人朝夕相處，也相當依賴和他們的關係，甚至使他疏忽了身為丈夫和父親的職責。女性由於文明的要求而不得不退居幕後，而和文明處於一種敵對的關係。

文明限制性愛的傾向和它擴張文明圈子的傾向一樣明顯。在第一個文明階段，也就是圖騰崇拜的階段，文明就禁止近親性交的對象選擇，這或許是人的一生當中對於性愛生活最嚴重的殘害。禁忌、法律和習俗也製造出更多的桎梏，不管是對於男人或女人。每個文明的限制程度不一；社會的經濟結構也會決定剩下的性愛自由的範圍大小。我們已經知道文明服從於經濟（ökonomisch）需求的壓力，因為它必須從性愛那裡抽出大量心理能量以供它使用。文明之於性愛，就像是對於某個部落或者一部分人民的剝削。由於擔心被壓迫者的反抗，使得文明必須採取更嚴厲的預防措施。我們西歐文明正是這個演變的高潮。就心理而言，一個文明共同體可以正當地禁止童年性欲的表現，因為如果不在童年預先下手，文明是不可能閉塞成人的性欲的。可是如果文明社會想要否認這個容易證明且顯而易見的現象，那麼它就失去了任何正當性。性成熟的個人的對象選擇侷限於異性，而若干性器以外的滿足也被視為變態而禁止。這些禁令要求每個人只能有同一種性愛，而無視於人類在性愛構造方面先天或後天的差異；它使得許多人被迫割捨性愛的歡悅，因而也成了重大不義的源頭。這些限制規定的結果或許是，許多正常人，也就是構造上沒有障礙的人，他們的性愛興趣只能全部都注入到仍然開放著的渠道。但是異性戀就算沒有被禁止，卻也因為合法性以及一夫一妻制的限定而遭到更多的干擾。現在的文明讓我們明確地認識到，它只容許以男人和女人一生只有一次的、而且不可以離異的結合為基礎的性愛關係，文明不喜歡把性愛當作獨立的快樂來源，文明之所以容許它的存在，那是因為它是至今不可取代的人類繁衍手段。

這當然是個很極端的觀念。每個人都知道那是行不通的事，就算只是很短暫的時期。只有懦夫才會容忍如此大規模的侵犯他們的性愛自由，而強者則是只有在補償性的條件下才會這麼做，我們在下文會回頭討論這個問題。文明社會不得不默認許多罪行，根據它自己的法規，那些都是應該被懲罰的。可是我們不能因而反過來誤以為既然它的意圖沒有實現，那麼這種心態對於社會而言就是無害的。文明人的性愛畢竟遭到了嚴重的損害，有時候它讓人覺得它的功能正在退化當中，就像作為我們的器官的牙齒和頭髮一樣。我們或許可以合理地假設說，作為幸福感的重要源頭，在人生目的的實現上，它的重要性明顯在降低當中。[2] 有時候人們似乎以為，不僅僅是文明的壓力，也有可能是它的功能本質上就拒絕讓我們完全得到滿足，使我們不得不走上其他道路。這個看法或許有誤，我們一時之間很難斷定。[3]

第五章

為了安全而對於性愛和攻擊性的限制

Einschränkung der Sexualität und Agression zugunsten der Sicherheit

心理分析的工作告訴我們，所謂的精神官能症患者，他們不能忍受的正是這種性愛的挫折。他們在症狀當中為自己創造了種種替代性滿足，然而它們不是本身就會導致痛苦，就是變成了痛苦的來源，因為它們使患者難以和環境以及社會相處。第二種情況我們不難理解，至於第一種情況則是另一個問題。可是除了性愛的滿足之外，文明還會要求我們犧牲其他東西。

我們把文明演進的難題當作一般性的發展困難，並且溯源到原欲的惰性，以及人拒絕放棄舊立場而接受新立場的傾向。同樣的，如果說性愛是兩個人之間的關係，第三者對他們而言是多餘的或者是個干擾，而文明則是奠基於眾人之間的關係，那麼我們也可以推論說文明和性愛是對立的。愛到深處的時候，戀人們眼裡根本就不會有周遭的環境；戀人們自得其樂，他們不必有個共同的孩子才會快樂。愛欲在這裡尤其透顯了它的本質核心，那就是企圖讓兩人合而為一，可是當愛欲真的如傳說中的讓兩個人墜入情網，愛欲就會不肯離開他們。

至此我們可以想像說，一個文明共同體或許是由這樣的雙重個人構成的，他們在原欲上是自身飽和（gesättigt）的，卻又透過勞動和利益的團體的紐帶而彼此連結。若真是如此，文明就不必抽離性愛的能量了。可是這種一廂情願的境況並不存在，也從來都沒有存在過；現實告訴我們，文明並不滿足於我們至今容許的種種連結關係，而要想盡辦法以原欲的方式把共同體的成員接合起來，無所不用其極地在他們當中創造種種強烈的仿同（Identifizierung），竭盡一切壓抑目的的原欲，以友誼關係加強共同體的紐帶。為了實現這個意圖，性愛的限制是不可避免的。可是我們無法理解文明為什麼一定會走上這條路，它為什麼會仇視性愛。其中一定有什麼干擾因素是我們還沒有發現的。

所謂的文明社會的理想要求，或許可以提供線索。這個要求叫作：愛你鄰舍如同自己；全世界都知道這個道理，固然比把這個主張引以為傲的基督教更古老，但是也沒有多麼古老；若干歷史時期裡的人們對它還是很陌生。我們暫且以天真的態度思考它，彷彿我們是第一次聽到的樣子。那麼我們就會難掩驚訝困惑之情。我們為什麼要這麼做？那對我們有什麼好處？尤其是，我們要怎麼才做得到？那怎麼可能？我的愛對我而言是如此珍貴的東西，我沒辦法不分青紅皂白地拋棄它。我有義務犧牲一切以實現它。如果我愛一個人，對方一定是有值得我愛他的地方。（我不會在意他對我有什麼利用價值，或者是作為性愛對象對我的可能意義，因為那兩種關係並不是愛我的鄰舍的誡命所關心的。）他值得我愛他，那是因為他和我在若干重要面向上很相似，使得我在他身上也可以愛我自己；他值得我去愛他，因為他比我完美得多，使得我在他身上可以愛我對於自己的理想。再說，如果他是我的朋友的兒子，那麼我一定也會愛他，因為如果我的朋友因為遭遇到不幸而感到痛苦，那也會是我的痛苦，我必須和他有難同當。可是如果他是個陌生人，沒有任何自身的價值，對於我的情感而言也沒有任何後天的意義，因而沒辦法吸引我，那麼我就很難去愛他。的確，我不應該去愛他，因為我周遭的人會把我的愛視為對於他們的偏愛，而如果我同等對待陌生人，那對他們而言是不公平的。可是如果我以博愛的心去愛他，只是因為他也是這個地球上的居民，就像一隻昆蟲、蚯蚓或是水蛇，那麼我恐怕只會把一點點愛放在他身上，而絕對不可能像我基於理性的判斷而保留給自己的那麼多。那麼這個誡命為什麼要如此鄭重地上場，如果基於理性的考量，它並不值得去實現的話？

我越是深入省思，就發現更多的困難。這個陌生人不僅僅就一般的情況而言不值我去愛；我必須誠實地招認，我有更多的理由可以去敵視他，甚至恨他。他看起來對我沒有一丁點的愛，也沒有任何要尊重我的意思。如果傷害我對他有任何好處的話，他會毫不猶豫就下手，他也不會在意把利益建立在對我的損害之上。的確，他甚至不一定要得到什麼好處；只要他開心，他可以肆無忌憚地嘲弄我、侮辱我、毀謗我，對我耀武揚威，他越是有把握，我就越無助，越加確定他會如此對待我。如果他的態度有所不同，如果他也把我當作陌生人而尊重且照顧我，那麼不必有什麼誡命的提撕，我也會對他投桃報李。的確，如果這個偉大的誡命是說：愛你的鄰人，如同鄰人愛你，那麼我就沒有什麼好反駁的。可是還有第二個誡命，我覺得更加百思不得其解，也更加激起我內心強烈的反彈。那就是：愛你們的仇敵。然而，當我反覆思考它，我發現我不能把它當作一個更無理的要求而反對它。它基本上是在說同一件事。[1]

我想現在我會聽到一個威嚴的聲音告誡我說：正因為你的鄰人不但不值得你去愛，更是你的仇敵，你才要愛他如愛你自己。於是我明白了，那就像是「因為悖理，所以我相信」（credo quia absurdum）一樣*。

而如果我的鄰人也被要求愛我如愛他自己，他的回答很可能也會和我一樣，以相同的理由反駁我。我不想要他以同樣的客觀理由那麼做，可是他也會和我一樣那麼想。畢竟，人類的行為存在著種種差異。而倫理學在區分「善」與「惡」的時候，卻無視於這些條件性的存在。只要這些不可否認的差異沒有被揚棄，那麼如果人們遵守這些高唱入雲的倫理要求，就會傷害到文明的意圖，因為那是擺明了獎勵人們去做壞事。我們會不由得想起傳說中法國議會在討論死刑存廢時的一段插曲；一個議員慷慨激昂地主張廢除死刑，他的言論贏得滿場熱烈的掌聲，直到議事廳裡有個人插嘴說：「那就讓殺人凶手率先那麼做吧！」（Que messieurs les assassins commencent!）**

可是大家都會置若罔聞的一個事實是，人並不是想要被愛、只有在被攻擊時

* 譯注：特土良（Terullian, 155-220）語。

** 譯注：法國記者卡爾（Jean-Baptiste Alphonse Karr, 1808-1890）語：「讓我們廢除死刑，可是讓殺人凶手率先那麼做吧。」

才會自我防衛的溫和動物，相反的，他們在驅力天性上也算是有強烈的攻擊性的。所以說，他們的鄰人不只是可能的助手和性愛對象，也會引誘他們在他身上滿足其攻擊性，剝削他的勞力而沒有任何補償，不經他的同意就對他性侵犯，霸佔他的財物，羞辱他，讓他痛苦不堪，把他凌虐致死。「人對人就像狼一樣」（Homo homini lupus）*；面對著人生和歷史的種種經驗，誰還有勇氣反駁這個主張呢？一般而言，這種凶殘的攻擊性會耐心等候挑釁，或者為其他意圖所用，儘管人們原本可以採取更溫和的手段去實現它。在情勢有利的時候，原本抑制它的心理反作用力失效了，它會自然而然地表現出來，揭露人類不知道同類要相互扶持的野獸面向。只要想到民族遷徙的橫行霸道，匈奴人或者是成吉斯汗和帖木兒率領所謂的蒙古人的入侵，十字軍佔領耶路撒冷，甚至是上一場世界大戰，我們都必須謙卑地向這個看法的事實性低頭。

我們在自己身上都感覺得到這個攻擊傾向的存在，當然可以合理地假設別人

* 譯注：普勞圖斯（Tirus Maccius Plautus, 254-184 BC）語。霍布斯在《利維坦》裡引用過。

也不例外，它是阻礙我們和鄰舍的關係並且使文明疲於奔命的重要因素。由於人類的這種原始的相互敵意，使得文明不時面臨著瓦解的威脅。互助合作產生的利益沒辦法把人們凝聚在一起，驅力的激情比理性的利益考量更佔優勢。文明必須想盡辦法框限人的攻擊驅力，透過心理反應的形成去抑制它的表現。於是我們看到層出不窮的方法，引誘人們落入種種仿同以及壓抑目的的愛的關係，進而限制性愛，提出愛鄰舍如己的理想性誡命，它其實只是證明了沒有任何誡命比它更加違反人類的原始本性。儘管文明再怎麼殫思竭慮，到頭來還是事倍功半。它賦予自己以暴力懲罰罪犯的權利，以防止凶殘的暴力猖獗蔓延，可是法律沒辦法控制人類更加謹慎而聰明的攻擊行為。總有一天，我們每個人都要放棄年輕時對鄰人抱持的期待，把它當作一個幻想，並且認識到他們的惡意讓他的生活有多麼艱難而痛苦。雖然如此，他沒有理由因為文明意圖消除人類行為裡的傾軋和競爭而怪罪它。這些都是不可避免的事，可是對抗並不必然是仇恨，它只是被濫用而讓仇恨有了可乘之機。

共產主義者相信他們找到了消滅種種惡的救贖道路。他們認為人性本善，也會和鄰人和睦相處，可是私有財產制使他的本性墮落。人擁有了私人財產，也就擁有了權力，會被誘惑去虐待他的鄰人；而沒有財產的人也就不得不懷著仇恨反抗壓迫他的人。若是廢除私有財產，所有財產都是共有的，所有人都可以分享它，那麼人類之間的惡意和仇恨就會消失。因為所有人的需求都得到滿足，人就再也沒有理由敵視他人；而所有人也都願意從事必要的勞動。我並不想對於共產主義體系提出什麼經濟學上的批評，我也沒有辦法探究廢除私有財產制是否真的有效而且有益。[2]可是我看得出來它的心理學預設是個沒有根據的幻想。廢除了私有財產制，固然使人類的侵略興致失去了一個有力的（儘管不是最有力的）工具，可是我們並沒有改變權力和影響力之間被攻擊性濫用了的種種差異，也沒有改變它的本質。攻擊性並不是財產的產物，它在史前時代就已經橫行無阻，當時人的財產少得可憐，我們在育嬰室裡就可見一斑，在那裡，財產還沒有脫離其肛門期的原型，它是所有親情和愛情關係的溫床，唯一的例外或許是母親對她的兒子的愛。就算我們剝奪了人的物權，他還是擁有性愛關係上的特權，它必定會成為在其他方面勢均力敵的人們之間最強烈的惡意和最激烈的仇恨的源頭。如果我們透過性愛的完全解放而消除了這個因素，因而廢除了家庭這個文明的生殖細胞，我們的確會難以預見文明的演進會走上哪一條路，可是有一件事是可以預期的，那就是這個堅不可摧的人性特徵會一路相隨。

人類顯然很難不會想要滿足這個攻擊傾向；那會使他們心下慊慊，覺得很不舒服。文明裡的少數團體有個不容小覷的優點，那就是它會提供驅力一個出口，以宣洩對於外邦人的敵意。只要有一群人被當作人們表現其攻擊性的對象，就永遠有可能讓更多人相親相愛地團結在一起。我有一次探討過這個現象，兩個雞犬相聞、往來頻繁的族群，往往會兵戎相見或是相互嘲諷。就像是西班牙人和葡萄牙人、北德人和南德人、英格蘭人和蘇格蘭人等等。我把它叫作「對於微小差異的自戀」（Narzißmus der kleinen Differenzen），這個名詞應該不用我多做解釋。我們現在可以把它視為攻擊傾向的一種方便的、相對無害的滿足方式。團體裡的成員也因而更容易凝聚在一起；在這個方面，離散各地的猶太人對於收容他們的民族的文明而言，可以說功不可沒；不幸的是，中世紀對於猶太人的所有大屠殺並沒有讓當時的基督徒更和平、更安全。自從使徒保羅以博愛作為他的基督教團契的基石，基督教對於外邦人的極端不寬容卻成了不可避免的結果；羅馬人沒有把他們的國家共同體建立在愛之上，反而沒有宗教上的不寬容這種事，雖然對他們而言，宗教是國家的事，而國家也瀰漫著宗教氣息。一個日耳曼人基於征服世界的夢想而高呼反猶主義以作為補充，這並不是什麼不可思議的偶然事件。而人們在俄羅斯意圖建立一個新的共產主義文明時以迫害中產階級作為其心理支持，也是不難理解的事。

如果說文明不僅僅把性愛當作犧牲品，就連人類的攻擊傾向也被它拿來獻祭，那麼我們就更加明白為什麼人們在文明裡很難感到幸福。其實由於初民沒有什麼驅力的拘束，他們的生活反而更加優游自在。相對的，他們在永久幸福這個方面的保障就薄弱許多。文明人拿一部分的幸福機會換取一部分的保障。可是我們不要忘了，在原始的家族裡，只有家主才享有在本能方面的自由；其他人則都是生活在奴隸一般的壓抑之下。只有少數人才享有文明的好處，大多數人則被剝奪了這個好處，這個對立在文明的原始時期裡可以說相當極端。關於現存的原始民族的嚴謹研究，證明了他們的本能生活不會因為自由自在而值得我們羨慕；他們有其他種種限制，或許比現代文明人的限制更加嚴酷。

如果說我們有理由抗議我們的文明現況，例如它無法實現我們對於一個幸福生活的規劃的要求，或者它導致了多少原本可以避免的不幸，如果說我們以毫不留情的批評窮究其種種缺憾的根源，那麼我們的確是有權這麼做，也會證明我們不是文明的敵人。我們可以期望漸進式地推動文明裡的這些改變，使它更能夠滿足我們的需求，也不會招致我們的批評。但是我們也要熟悉一個觀念，那就是文明的本質裡存在著許多難題，它們是任何改革的企圖都沒辦法解決的。除了我們預期中的限制驅力以外，我們還注意到一個境況的危險會威脅到我們，那就是所謂的「群體的心理貧困」（das psychologische Elend der Masse）。如果一個社會主要是以成員的相互仿同作為其凝聚力量，而領袖人物在一個群體形成時卻沒有意識到落到他們身上的重要責任，那麼這個危險就會立即到來。[3]當前美國的文明境況或許正好可以讓我們研究這個讓人憂心忡忡的文明弊病。可是我要抵擋對於美國文明提出批評的這個誘惑；我不想讓人有個印象，以為我自己也想要採取美國人的方法。

第六章
死亡驅力和毀滅驅力
Der Todes- und Destruktionstrieb

我在以前的寫作當中從來沒有像現在這麼強烈的感覺，那就是我其實是在描述大家都熟悉的東西，我用筆墨在稿紙上手不停揮，接著排版付梓，原來只是為了說明不證自明的事物。為此我想要強調這一點，以免讓人誤以為我們只要認識到一個特殊的、獨立的攻擊驅力，就會改變整個心理分析的驅力理論。

我會證明實則不然，我只是要突顯一個早就甚囂塵上的說法，並且探索其種種推論。在所有步履蹣跚的分析理論當中，驅力理論尤其讓人覺得舉步維艱。而它對於整個理論而言又是不可或缺的，所以我們必須找個什麼東西取代它。就在我一籌莫展的時候，我以詩人暨哲學家席勒的一段話當作起點：讓世界周行不殆的，是「飢餓和愛」。飢餓可以說是意圖保存個人存在的種種驅力的代言人，而愛則是渴慕種種客體；它的主要作用，基於天性在各個方面的支持，就是種屬的保存。於是自我驅力（Ichtriebe）和客體驅力（Objekttriebe）一開始就是對立的。我所說的「原欲」（Libido）這個語詞，不多不少就只是指稱客體驅力的能量；所以說，這個對立就是自我驅力以及廣義的愛指向客體的原欲驅力之間的對立。在這些客體驅力當中，有一種驅力顯得特別格格不入，也就是施虐癖

（sadistisch）的驅力，因為它根本不是以愛意為其目標，它在某些方面顯然和自我驅力有關，不可諱言地相當接近那種沒有原欲意圖的支配驅力（Bemächtigungstriebe），可是人們撇開這些差異不談；施虐癖顯然屬於性愛的一部分，殘忍的遊戲可能會取代溫存的遊戲。而精神官能症則可以被視為自我保存的意圖以及原欲的要求之間的競賽結果，自我在這場競賽裡獲勝了，但是其代價是更加沉重的不幸和斷念。

每個分析師都會承認，就算是現在，這個看法聽起來也不像是個早就被放棄的謬論。可是當我們的研究從被潛抑者延伸到潛抑的力量，從客體驅力擴及於自我，其中有個改變是必不可少的。這裡的關鍵在於自戀（Narzißmus）這個概念的導入，也就是說，自我完全專注於原欲，它自己甚至就是原欲的家鄉，也一直是它的大本營。這個自戀的原欲轉向客體，因而變成了客體原欲，而且可能會變回自戀的原欲。自戀的概念有助於我們分析理解創傷性精神官能症（die traumatische Neurose）和許多接近精神病的情感，以及精神病本身。我們不必放棄把移情精神官能症（Übertragungsneurose）解析為自我意圖抗拒性愛的這個觀點，可是原欲的概念就岌岌可危了。由於自我驅力也是原欲的，有時候難免會把原欲和一般性的驅力能量混為一談，正如榮格（Carl Gustav Jung）早期主張的。然而，我不知怎的依舊相信，並不是所有驅力都如出一轍。我的下一步可見於拙著《超越快樂原則》（*Jenseits des Lustprinzips*, 1920），我首先注意到強迫性重複以及驅力的保守性格。我首先思考生命的起點以及生物學上的類比，由此推論說，除了保存生命實體以及組成更大的整體的驅力以外[1]，還有一個和它對立的驅力，它渴望瓦解這個整體，而回歸到太初的無生物狀態。也就是說，除了愛欲以外，還有一個死亡驅力（Todestrieb）；生命的種種現象都可以從這兩者的合作和對抗去解釋。只不過我們很難具體說明這個假設的死亡驅力的行為。愛欲的表現總是大張旗鼓而且喧囂擾攘；人們或許會以為死亡驅力是在生物內部默默地從事它的破壞行為，可是當然找不到什麼證據。更進一步的觀念則是說，有一部分的驅力抗拒外在世界，而表現為攻擊和破壞的驅力。如此一來，驅力不得不被愛欲利用，因為生物會毀滅其他東西，不管是生物或無生物，而不是毀滅它的自體（Selbst）。而只要中斷（Einstellung）這個對外在世界的攻擊性，就必定會導致原本就持續進行的自我毀滅變本加厲。我們由這個例子也可以猜想到，這兩種驅力很少——或許從來沒有——單獨出現，而是以各種不同的混合比例熔合在一起，使得我們的判斷難以分辨。我們早已知道施虐癖是性愛驅力的一部分，原本應該也會特別看到愛的渴望和毀滅的驅力的這種緊密熔合，正如和它一體兩面的受虐癖（Masochismus），那是針對內在世界的毀滅性和性愛的聯合，它原本是難以察覺的，現在卻引人側目而且看得見摸得著。

假設一個死亡或毀滅的驅力的存在，即使是在心理分析圈裡也遭遇到阻力；我知道許多人會把在愛裡看到的危險和敵意的東西歸因於它自身本質裡的原始兩極性。原本我只是試探性地提出在這裡開展出來的觀點，可是它們漸漸說服了我，而使得我不作他想。我認為就理論而言，它們比其他觀點更實用；它們既可以簡單化而又不致於忽略或歪曲了事實，這正是我們的科學研究渴望的。我知道我們在施虐癖和受虐癖裡一再看到了對外和對內的毀滅驅力的表現和愛欲緊密地熔合在一起，可是我再也不明白為什麼我們會忽略了那種和愛欲無關的攻擊性和破壞性的無所不在（蔓延整個地球），在詮釋生命時居然沒有賦予它應有的重要地位。（只要對於內心世界的破壞欲沒有染上愛欲的色彩，我們往往會難以察覺到它。）我還記得自己第一次在心理分析的著作裡看到毀滅驅力的觀念時有多麼不以為然，花了多久的時間才接受它。如果說別人直到現在還會拒絕這個觀念，我也不會太驚訝。因為如果有人談到人性本「惡」，天生就有攻擊性、破壞性以及殘忍的傾向，小孩子是不會想聽的。神以祂自身完美的肖像創造了他們，人們不想被告誡說，要調解惡的不可否認的存在——就算有基督教科學派（Christian Science）*的鄭重聲明——以及神的全能全善，那是多麼困難的事。惡魔成了為神開脫的最好藉口，他扮演減輕經濟負擔的角色，正如猶太人在雅利安人理想的世界裡的角色一樣。然而即便如此，不管是為了惡魔的存在或者是惡魔化身的邪惡的存在，我們都可以向神問責。有鑑於這些困難，我們不妨在適當的場合裡向人類深層的道德本性深深一鞠躬；那會幫助我們大受歡迎，而且也會得到寬恕。

在歌德筆下的梅菲斯特（Mephistopheles）那裡，惡的原理和毀滅驅力的等同

* 譯注：全稱為「Church of Christ, Scientist」，一八七九年由艾迪女士（Mrs. Mary Baker Eddy, 1821-1910）創立的教派，以傳播信仰治療為主。

特別有說服力：

因為，生成的一切

總應當要歸於毀滅……

因此你們所說的罪行、

破壞，總之，所說的惡，

都是我的拿手傑作。

惡魔說他的敵人不是神聖和善的那位，而是自然的創造和繁衍生命的力量，

也就是愛欲。

從空氣中、水中、土中，

一切燥濕寒暖之地，

都萌發出無數的胚芽！

如果我沒有把火燄留下，

我就別無特殊的武器。*

「原欲」這個名字可以再次用來指稱愛欲的力量展示，而有別於死亡驅力的能量。[2]我們不得不說我們很難以掌握那個驅力，我們只能猜想它是躲在愛欲背景裡的東西，若不是它和愛欲熔合在一起而洩漏行蹤，我們應該沒辦法察覺到它。在施虐癖裡，它（譯按：指死亡驅力）扭曲了愛欲在自身意義下的目的，卻又完全滿足了性愛的渴望，我們在那裡也清楚看到了它的本質及其和愛欲的關係。但是就算它在沒有性愛意圖的情況下表現出最盲目的破壞性狂熱，我們還是不可以忽略了它的滿足其實和極其強烈的自戀歡悅有關，因為它實現了自我以前對於全能的願望。這個有節制的、被馴服的、卻又壓抑了目的的毀滅驅力，當它指向客體，就必定會滿足自我的生存需求，並且讓自我得以支配自然。因為關於

* 譯注：引文中譯見：《浮士德》，頁97-98，錢春綺譯，商周出版，2021。

驅力之存在的假設主要是基於理論上的理由，我們也必須承認說它沒辦法完全免於理論上的反駁。不過至少就我們目前的見解而言看來是如此；未來的研究和思考當然會使我們更加廓然明白。

因此，我在下文中會採取的立場是，攻擊的傾向是人類原生的、獨立的驅力天性，我也會回到我的觀點，認為它正是文明最大的障礙。在我們前面的探究當中，有個觀念襲上我們心頭，也就是說，文明是人類必須承受的一個特殊歷程，而我們至今仍然在這個觀念的魔咒底下。現在我則可以說，那是一個為愛欲服務的歷程，其目的是要把個人、家庭、乃至於種族、民族和國家組成一個大的整體，也就是人類。至於為什麼非要如此不可，我們並不知道；那或許正是愛欲的作用。眾人正是要以原欲的方式彼此連結；不管是生活需求，或是互助合作的好處，都不足使人們團結在一起。可是人在天性上的攻擊驅力，個人對集體以及集體對個人的敵意，都和這個文明計畫相互矛盾。這個攻擊驅力是死亡驅力的衍生物和主要代言人，而死亡驅力則和愛欲形影不離，和它一起統治著世界。現在，我想文明演進的意義對我們而言不再那麼撲朔迷離了。它應該是要對我們展現愛欲和死亡、生命驅力和死亡驅力之間的競賽，正如在人類種族之間上演的競賽。這個競賽構成了整個生命的本質，所以說，文明的演進簡而言之就是人類種族的生存競賽。[3]而我們的褓姆們想要以「天國的搖籃曲」（Eiapopeia vom Himmel）*平息的，正是這場巨人族的戰爭。

* 譯注：海涅（Heinrich Heine, 1797-1856）的一首詩。

第七章

超我及其嚴厲性的演變

Entwicklung des Über-Ichs und seiner Strenge

我們的親戚們，我是說動物，為什麼沒有這種文明競賽的跡象呢？噢，我們不是很清楚。其中若干物種，蜜蜂、螞蟻、白蟻，或許已經搏鬥了幾十萬年，才找到那種國家體制、功能的劃分、個體的限制，讓現在的我們對牠們讚嘆不已。我們現在的境況有個特色，那就是我們的感覺告訴我們，不管是在任何一個動物國度裡，或是個體被分配到的任何角色，我們都不會感到快樂。在其他動物種屬那裡，在牠們的環境的影響力以及牠們身上互不相讓的驅力之間，或許已經達到一個暫時的平衡，因而會停止演化。而在原始人那裡，另一波的原欲推進或許會掀起毀滅驅力的再一次反擊。許多問題目前還沒有答案。

還有另一個問題，它和我們更加關係密切。文明用什麼手段去壓抑和它對立的攻擊性，使它變得無害，或許把它排除在外？其中有些方法我們已經知道了，它們看似很重要，實則不然。我們可以在個體發展史那裡探究它。在他身上發生了什麼事，使他的攻擊欲望變得無害？那個現象非常奇特，我們永遠都猜想不到，卻又會覺得它合情入理。攻擊性被內射（introjiziert）、被內化（verinnerlicht），其實只是被趕回到它原來的地方，也就是轉向自身的自我。在那裡，它會被一部分的自我接管，把自己當作超我（Über-Ich）而和另一部分的自我對立，現在則以「良心」（Gewissen）為其形式，虎視眈眈地準備猛烈地攻擊自我，正如自我在其他陌生的個體身上滿足其攻擊欲望一樣。疾言厲色的超我和俛首帖耳的自我之間的緊張關係，我們把它叫作罪惡意識（Schuldbewußtsein）；它會表現為對於懲罰的需求（Strafbedürfnis）。於是，文明削弱個體，把他解除武裝，在他心裡設置了法庭，就像在被攻陷的城市裡的駐軍一樣監視它，因而解決了個體的攻擊欲望。關於罪惡感（Schuldgefühl）的形成，心理分析師的看法和其他心理學家不盡相同；可是他們自己也找不到什麼解釋。首先，如果我們問道一個人怎麼會心生罪惡感，我們會得出一個無法辯駁的答案：當一個人做了他知道是「惡」的事情，他就會有罪惡感（在宗教裡就叫作「有罪」〔sündig〕）。於是我們注意到這個答案其實沒有說什麼。也許人們遲疑片刻會接著說，就算人沒有真的做那件壞事，而只是知道自己心裡意圖為之，他也會覺得自己是罪惡的，這時候我們會問，為什麼意圖會被等同於行為呢？然而這兩者都預設了我們都知道惡是應該被譴責的，是不應該做的事。可是人是怎麼判定的？我們也可以否認人天生有分辨善惡的原始能力。惡的事物往往對自我一點都沒有傷害也不危險；相反的，它可能是自我所期望的、讓他開心的事。因此，其中顯然有個外在的影響；是它在決定什麼叫作善惡。由於人的感覺不會一路指引著他，他一定會有個動機，要他服從於這個外在的影響力。我們在他的無助以及對他人的依賴當中很容易就看到這個動機，不妨把它叫作對於喪失愛的恐懼（Angst）。如果他失去了他所依賴的人對他的愛，他也會喪失對於若干危險的防衛，尤其會陷於一種危險當中，那就是強者會以懲罰的形式對他證明其優越性。所以說，所謂的惡原本是指會使我們面臨喪失愛的威脅的東西。因為害怕失去，人就一定會逃避它。因此，不管是人真正做了壞事或者只是想要做，這兩者並沒有什麼差別。不管是哪一種情況，只有被權威者發現，他才會有危險，而且它對這兩種情況的處置也不會有太大的差別。

有人把這種境況叫作「良心不安」（schlechtes Gewissen），可是這其實不是它應該有的名字，因為在這個階段，罪惡感顯然只是對於喪失愛的一種恐懼，一種「社會性」的恐懼。在小孩子身上，它不會有什麼不同，可是在大人那裡，也只有當父親或雙親的地位被更大的人類團體取代才會有所改變。於是，這樣的人會習慣性地放任自己做任何會讓他們感到開心的壞事，只要他們確定權威者一無所知或者是沒辦法責怪他們，而東窗事發是他們唯一害怕的事。[1]我們現在的社會應該要通盤考慮到這種心態。

唯有當這個權威者因為超我的建構而被內化，才會產生重大的改變。如此一來，良心的種種現象也會變本加厲，基本上，我們應該直到這時候才談到良心和罪惡感這種東西。[2]而且現在也沒有什麼擔心東窗事發這種事，做壞事和想做壞事的區別也完全消失了，因為在超我面前，一切都無所遁形，就連思想也不例外。現實的處境已經不再那麼重要，因為我們相信新的權威者，也就是超我，沒有任何動機要虐待和它同屬內心世界的自我。可是由於遺傳的影響，使得以前的或者是被超越了的事物殘存下來，而讓人覺得基本上和起初沒什麼兩樣。超我以同樣的恐懼感折磨著有罪（sündig）的自我，並且伺機讓自我遭到外在世界的懲罰。

在這第二個演變階段，良心表現出一個特點，那是在第一個階段很罕見而且難以解釋的。人越是有德行，它的行為就越加苛刻而猜忌，到頭來，越是聖潔的人，就越覺得自己有罪而自責不已。而德行被沒收了它被應許的賞報，溫馴而自制的自我看起來再怎麼努力也沒辦法得到它的導師的信任。現在人們可能會反駁說：這些困難都只是表面上的。他們會說，更加戒慎恐懼的良心，才是一個有德行的人的指標，再說，就算聖人說他自己是罪人，那也不是完全沒有道理的，因為滿足驅力的誘惑對他們而言會特別難以抗拒，我們都知道，持續的挫折只會使得誘惑更加熾盛，而間或的滿足至少可以暫時減輕它。難題重重的倫理學領域告訴我們另一個事實，人的處境越是艱難，也就是外在的挫折越多，超我裡的良心的力量也會越強大。人在安逸的環境下，良心會變得很寬大，而放任自我恣意妄為；當他遭遇不幸，他會反求諸己，認識到自己罪孽深重，他的良心要求就會提高，要他懲忿窒欲，以懺悔懲罰自己。[3] 以前所有人都是這麼做的，人們以後也會繼續這麼做。不過我們從良心最初的嬰兒期階段就可以解釋這點，它並沒有在內射到超我裡頭之後被拋棄，而一直和超我形影不離，躲藏在超我後面。命運被認為是家長這個角色的替身；當人遭遇到不幸，那意味著這個至高威權不再愛他，他要面臨這種喪失愛的威脅，他再次向在超我裡的父母親的代言人鞠躬，人在快樂愜意的時候，往往會想要忽視它的存在。如果我們在嚴格的宗教意義下，把命運當作僅僅是神意的表現，這點就會特別清楚。以色列人認為自己是神的寵兒，而當天父一再地降災到祂的子民身上，他們並沒有懷疑這個關係，或者是懷疑神的大能和公義，相反的，他們創造了許多先知，讓先知對著他們數落他們的罪，並且出於他們的罪惡意識，為他們的祭司宗教規定了種種強人所難的誡命。奇怪的是，原始民族的做法卻和他們大不相同！當他們遭遇到不幸，他們不會責備自己，而會怪罪到他們的物神頭上，認為它顯然沒有盡責，他們會把它痛打一頓，而不是懲罰他們自己。

於是我們認識到罪惡感的兩個來源，一是來自對於權威者的畏懼，二是來自對於超我的畏懼。前者堅持要捨棄驅力的滿足，後者除此之外更迫切要求懲罰，因為被禁止的願望的持續存在逃不過超我的眼睛。我們也知道了該怎麼理解超我（也就是良心的要求）的嚴厲。它只是外在世界的嚴酷的延伸，和外在世界換了班，並且部分地取而代之。現在我們看到了驅力的放棄和罪惡感之間是什麼樣的關係。原本驅力的放棄是對於外在權威的畏懼的結果；人們因為不想失去它的愛而放棄了種種滿足。如果他真的捨棄了，他就和權威者互不相欠，而再也不會有罪惡感。但是在超我那裡，情況就不一樣了。在這裡，僅僅是放棄驅力還不夠，因為種種願望還是在那裡，沒辦法對超我隱瞞。所以說，儘管他放棄了驅力，還是會有罪惡感，這對於超我的建置或者所謂的良心的形成而言是個巨大的經濟劣勢。驅力的放棄不再有完全解放的作用，德行上的懲忿窒欲也不一定會得到愛的賞報。人們躲過了山雨欲來的外在不幸——愛的喪失以及外在權威者的懲罰——，卻換來了內心世界持續的不幸，也就是罪惡意識的緊張關係。

這些相互關係相當錯綜複雜而重要，雖然有重複之嫌，我還是想要以另一個角度探究它們。依據時間的順序：首先是因為害怕外在世界的攻擊而放棄驅力，——當然，對於喪失愛的恐懼也會導致同樣的結果，因為愛會保護人免於這種懲罰的攻擊——，接著則是建置內在權威，以及因為害怕這個權威，害怕良心，而放棄驅力。在第二個情況下，想要做壞事和實際上做了壞事是同一回事，因而也會有罪惡意識以及對於懲罰的需求。良心的攻擊性是權威的攻擊性的存續。到目前為止，我們都可以理解，但是我們怎麼解釋種種不幸（因為外在環境而不得不斷念）為什麼會使良心更加堅定不移，而心志高潔而朝乾夕惕的人，他們的良心譴責為什麼特別嚴厲？我們已經解釋過良心的這兩種特性，可是人們或許覺得它們並沒有真的追根究柢，而留下若干殘餘的部分沒有解釋。這時候有個觀念總算要上場了，它是心理分析特有的觀念，一般人的思考對它可能很陌生。它也有助於我們理解為什麼這個思考對象看起來會如此混亂而難以捉摸。它告訴我們，起初良心（更正確地說是後來才變成良心的恐懼）固然是使人放棄驅力的原因，可是每次新的放棄都會使良心變本加厲而且更加不寬容。如果我們把它拿來和我們已知的良心形成史比對一下，就應該會支持以下的觀點：良心是放棄驅力的結果；或者說：（我們因為外在世界而不得不）放棄驅力，因而創造了良心，而它接著又會要求我們放棄更多的驅力。

這個命題和上述良心的形成之間的矛盾其實沒有那麼大，而且我們也找到了縮小矛盾的方法。為了更容易闡述，我們就以攻擊驅力為例，並且假設在這些情況下，我們談的都是放棄攻擊性。這當然只是暫時的假設。於是，驅力的放棄對於良心的作用方式是：我們放棄滿足的每個攻擊性，都會被超我接收，而據此加強它（對自我）的攻擊性。這個說法牴觸了以下的觀點，即認為良心最初的攻擊性是外在權威的嚴厲性之延伸，而和是否放棄滿足無關。可是如果我們假設超我的攻擊天性有其他的源頭，就可以消弭這個歧見。如果有個權威妨礙了孩子第一個卻也可能是最重要的滿足，不管是要求他放棄什麼驅力，在孩子心裡都會產生針對它的強烈攻擊傾向。而他也會以他熟悉的機制走出這個經濟困境，也就是透過仿同作用，把這個堅不可摧的權威吸收到他自己心裡，這個權威現在變成了超我，並且佔有了人們小時候原本想要反抗的所有攻擊性。孩子的自我必須滿足於被貶低的權威——也就是父親——的可憐角色。因此，情況往往被顛倒過來：「如果我是爸爸，你是小孩子，我一定要整治你一下。」超我和自我的關係，是由於願望的扭曲而再現的、在還沒有分化的自我和一個外在客體之間的現實關係。這也是個典型情況。但是基本的差別在於，超我原有的嚴厲性代表的不是我們在客體那裡感覺到或認定的嚴厲性，它代表的是一個人針對它的攻擊性。如果這個說法是對的，那麼我們就可以真的主張說，良心起初其實是壓抑了一個攻擊性的產物，而且在一再壓抑的過程裡越來越強大。

這兩個觀點到底哪個才正確？是在遺傳學上看似無懈可擊的第一個說法，或者是以討好人的方式為這個理論打圓場的說法？就直接的觀察而言，顯然兩者都有道理。它們並不互相矛盾，甚至在某個點上是一致的，因為孩子的報復性攻擊有一部分是取決於他預期父親對他的懲罰性攻擊程度。然而經驗告訴我們，一個孩子發展出來的超我的嚴厲性，絕對不是他親身遭遇到的嚴厲對待的翻版。[4]前者似乎是獨立於後者的，在和睦的家庭裡長大的孩子，他的良心要求也有可能會很苛刻。可是誇大這個獨立性也是不對的；我們應該不難相信，嚴格的教育對於孩子的超我的形成影響重大。所以說，就超我的形成以及良心的產生而言，先天體質的因素和現實環境的影響是共同起作用的，我們對此完全不感驚訝，它是所有這些現象的病因學（ätiologisch）條件。[5]

也可能有人會說，當孩子以過度激烈的攻擊性以及相對應的超我的嚴厲性去回應他第一次的驅力挫折，他是依據一個系統發生學上的模型，而踰越了在當下或許正當的反應。因為史前時代的父親無疑地很可怕，過激的攻擊性或許可以歸因於他。如果我們從個體發展史轉移到系統發展史的話，這兩種關於良心的形成的觀點又更加接近了。這時候，這兩個歷程裡也出現了一個新的重大差異。我們不得不假設說，人類的罪惡感起源自戀母情結（Ödipuskomplex），是由於兄弟聯手弒父而產生的。在那個場合裡，攻擊行為沒有被壓抑下來，反而付諸實現，可是這個攻擊性在孩子那裡的被壓抑原本才是罪惡感的來源才對。我猜想現在可能會有讀者憤而大呼說：「那麼他到底有沒有真的殺死父親根本就沒有差別，反正他都會產生罪惡感嘛！」我們在這裡也許會有若干疑問。或者「罪惡感產生自被壓抑的攻擊性」這個說法是錯誤的，或者整個弒父的故事都是虛構的，不管是在史前時代或是現代世界，孩子殺死父親的這種事都一樣罕見。此外，如果它不是虛構的，而是合理的史實，那麼它應該是整個世界都會預期它發生的事，也就是說，人會有罪惡感，那是因為他真的做了不正當的事。而對於這種每天都會上演的事件，心理分析至今都還沒有提出任何解釋。

的確如此，我們必須補正其疏漏。這也不是什麼特別諱莫如深的事。當人做了什麼壞事而產生罪惡感，那種感覺其實應該叫作懊悔（Reue）才對。它只涉及行為，當然也預設了在行為之前就存在著一個可能會產生罪惡感的良心。因此，這種懊悔無助於我們追溯良心和一般性的罪惡感的源頭。每天都在上演的事件一般而言是說，驅力的需求會獲得力量以滿足自己，儘管良心會限制它的力量，而隨著需求因為得到滿足而減弱，就會回復到以前的力量平衡。所以說，心理分析的做法是正確的，它不討論那種出於懊悔的罪惡感，儘管這種情況層出不窮而且有其重要的現實意義。

可是如果人類的罪惡感真的要上溯到上古時代的弒父，而它的確是一種「懊悔」，那麼當時難道不是如我們預設的，在行為之前就存在著良心和罪惡感嗎？若是如此，它應該就可以為我們解釋罪惡感的祕密，而讓我們不再那麼尷尬。我相信它可以。這個懊悔是對於父親的原始情感矛盾（Gefühlsambivalenz）的結果，兒子們對他又愛又恨；在仇恨因為攻擊行為而得到滿足之後，他們會懊悔自己的所作所為，而愛會在懊悔當中浮現，這個愛會透過和父親的仿同以建置超我，授予它一種父權，例如說懲罰他們對他的攻擊行為，而它也會設定種種限制以防止他們再犯。而由於對父親的攻擊性傾向會在下一代身上重演，罪惡感也就會持續存在，而且因為每個被壓抑且轉移到超我的攻擊性而不斷增強。現在我想我們至少完全清楚了這兩個東西，愛在良心的產生裡扮演的角色，以及罪惡感命中註定似的無法避免。一個人是否真的殺了他的父親或者是忍住了，那其實一點都不重要，這兩種情況都會讓人產生罪惡感，因為罪惡感是因為矛盾心理而產生的衝突的表現，也就是愛欲和毀滅驅力或死亡驅力的永恆競賽。只要人面對著共同生活的任務，這個衝突就會一觸即發；只要這個共同體以家庭為其唯一的形式，這個衝突就必定會在戀母情結裡表現出來，派遣良心進駐，創造出第一個罪惡感。就算人們試圖擴張這個共同體，同樣的衝突還是會以各種舊瓶裝新酒的形式持續下去而且變本加厲，其結果就是罪惡感的不斷增強。如果說文明遵守著一個內在的愛欲衝動（Antrieb），這個衝動想要讓人們團結成一個關係緊密的群體，那麼它只有經由罪惡感的不斷增強才能達成這個目標。在父親那裡起了個頭的事，會在群體那裡完成。如果說文明是從家庭到整體人類的必然演變過程，那麼，作為源自矛盾心理的天生衝突、以及愛的渴望和死亡的渴望之間的永恆爭吵的結果，罪惡感不可避免的也會跟著它衝頂而讓人覺得難以承受。這使我們想起了一位偉大的詩人對於「蒼天的威力」震撼人心的怨訴：

> 你們引導我們走入人間，
> 你們讓可憐的人罪孽深造，
> 隨即把他交給痛苦煎熬；
> 因為一切罪孽都在現世輪報。[6] *

想到有些人就是有辦法從自身感受的漩渦裡汲取出最深刻的洞見，而我們卻必須在痛苦的不確定性以及無盡的摸索當中找尋我們的道路，我們或許會為此而喟然嘆息吧。

---

* 譯注：引文中譯見：歌德，《維廉・麥斯特的學習時代》，頁 121，馮至、姚可昆譯，人民文學出版，1999。

第八章

結語

Schlussfolgerungen

走到這條道路的盡頭，作者必須請求他的讀者的諒解，他一直不是個聰明敏捷的導遊，讓他們走了一大段無聊的道路以及費力的冤枉路。無疑應該有更好的方式。以下我會試著提出一些補述。

首先，我猜想讀者會有個印象，覺得關於罪惡感的探討超出了這篇論文的範圍，因為它佔了太大的篇幅，而排擠了其他和它密切相關的內容。那固然打亂了我的論文結構，卻也完全呼應了我的意圖，我想要把罪惡感視為文明演進最重要的問題，並且證明因為罪惡感的升高而導致快樂的被剝奪正是文明進步的代價。[1]如果對於這個命題，也就是我們的探究的結論，人們會感到意外，那或許要歸因於罪惡感和我們的意識之間怪異而令人費解的關係。在我們覺得司空見慣的懊悔的情況裡，意識清楚察覺到這個罪惡感；的確，我們習慣會說「罪惡意識」而不是說「罪惡感」。我們關於精神官能症的研究在對於正常情況的理解上提供了許多珍貴的指引，卻也因而看到了許多自相矛盾的情況。在那些情感當中，尤其是強迫性精神官能症（Zwangsneurose），罪惡感會大呼小叫地強迫意識注意到它；它主宰著徵候和病症，以及病患的生活，而且幾乎不容許其他現象和它一起出現。可是在精神官能症的大多數其他個案和形式裡，它則完全不被意識到，其作用卻不會因此就無關緊要。如果我們對病患說他有「無意識的罪惡感」，他應該不會相信我們；為了讓他們明白我們在說什麼，我們會告訴他說有一種對於懲罰的無意識需求，那就是罪惡感的表現。不過我們也不可以誇大它和精神官能症的某個特殊形式的關係；在強迫性精神官能症裡，有若干類型的病人不會知覺到他們的罪惡感，或者只是覺得那是一種惱人的抑鬱（Unbehagen），一種焦慮，如果他們在某些行為的履踐上遭到阻礙的話。我們總有一天會明白這些東西，只是目前還沒有辦法。或許我們現在可以這麼說，罪惡感說穿了就只是焦慮的一個局部變種，它到了後期會和**對於超我的恐懼**完全一致。而焦慮和意識的種種關係也會展現出相同的特殊變種。所有病症背後多少都會潛藏著焦慮，可是有時候它會大呼小叫地佔據整個意識，有時候則完全不見蹤影，使得我們不得不談到「無意識的焦慮」，而如果我們有心理學上的潔癖的話，既然焦慮起初只是一種感覺而已，我們也可以採用或者是「焦慮的可能性」這類的說法。所以說，可想而知的，就連文明創造出來的罪惡感，它本身也沒有被人察覺，大部分都是無意識的，或者是表現為一種抑鬱，一種不滿，而我們必須為它找尋其他動機。宗教從來沒有輕忽罪惡感在文明裡扮演的角色。我在我的其他著作有一點沒有注意到[2]，宗教聲稱可以拯救人們擺脫這種罪惡感，它們把它叫作「罪」（Sünde）。正如在基督教裡，因為一個人犧牲了生命，而成就了這個救贖，他承擔了所有人的罪責（Schuld），我們由此可以推論出人是在什麼情況下獲致這個原始的罪責（Urschuld），而這個罪責也正是文明的起源。[3]

如果我們要解釋若干語詞的意思，超我、良心、罪惡感、懲罰的需求、懊悔，那也許不是那麼重要的舉動，但也不完全是沒事找事，我們在使用這些語詞時或許不是很嚴謹，也往往會互換使用它們。它們都指涉同樣的情況，只是指稱它的不同面向。超我是我們推論出來的一個權威機構，而良心則是我們認為這個權威機構擁有的眾多功能之一，它負責監視和評斷自我的行為和意圖，執行審查工作。所以說，罪惡感，超我的道貌岸然，和良心的嚴厲都是同一回事，它們都是要讓自我感覺到它就是這麼被監視的，也都是在評量自我的種種渴望和超我的要求之間的衝突，對於批判性的權威機構的恐懼是整個關係的基礎，它和對於懲罰的需求都是自我的一種驅力表現，在超我施虐癖的影響之下，自我也變成受虐癖，也就是說，它一部分的內在毀滅驅力應用在和超我的愛欲關係上。直到證明了超我的存在，我們才有辦法談到良心這種東西。至於罪惡意識，我們必須承認它在超我之前就存在了，因而也先於良心存在。那是對於外在權威的恐懼的直接表現，是對於自我和那個權威的緊張關係的承認，它直接衍生自權威的愛的需求和對於驅力滿足的欲望之間的衝突，而壓抑那個欲望就會產生攻擊的傾向。罪惡感的這兩個層面——對於**外在**權威和**內在**權威的恐懼——的疊加，阻礙了我們對於良心的若干認知。懊悔是自我對於罪惡感這種情況的反應的總稱，它包含了在暗地裡起作用的焦慮有點變形的感覺質料，它自身就是一種懲罰，其中也包括了對於懲罰的需求；而它的存在也不會早於良心。

我們不妨回頭檢視一下在我們的研究當中讓我們時而感到困惑的那些矛盾。罪惡感有時候是被壓抑的攻擊性的結果，可是有時候，在它的歷史開端，也就是弒父的情況下，它則是既遂的攻擊行為的結果。而我們也為這些難題找到了解答。內在權威，或者說超我的建置，澈底改變了情況。在那之前，罪惡感和懊悔是一致的；這時候我們也注意到，「懊悔」這個語詞應該用來指涉既遂的攻擊行為才對。在此之後，由於超我的全知，攻擊的意圖和既遂的攻擊行為的差別就失去了它的效力；現在真正的犯行——全世界都會知道它——也會和單純的意圖——只有心理分析才會發現——一樣產生罪惡感。不管這個心理情境的差別為何，這兩種原始驅力的矛盾心理的衝突都會產生相同的作用。可想而知的，我們的研究會在這裡找尋關於罪惡感和意識之間變化多端的關係謎團的答案。我們或許會以為，對於惡行感到懊悔，因而產生的罪惡感，應該都是有意識的，因為感知到惡意而產生的罪惡感，則是無意識的。可是情況並沒有這麼簡單。強迫性精神官能症應該會強烈反對這個答案。

第二個矛盾是，我們原本以為是屬於超我的攻擊性能量，有個觀點認為它只是延續外在權威的懲罰性能量而持存在心理世界裡；另一個觀點則說它其實只是一個人自己還沒有使用到的攻擊性，而現在被拿來針對壓抑他的權威。第一個觀點看起來比較符合**歷史**，而第二個觀點則比較符合罪惡感的**理論**。我們只要更深入地思考一下，就可以完全化解這個表面上不相容的矛盾；它們根本而共同的地方在於兩者都是關於一個轉移到內心裡的攻擊性。依據臨床的觀察，我們其實可以區分屬於超我的攻擊性的兩個來源，在若干個案裡，這兩個源頭的作用或許有強弱之別，可是一般而言，它們是分進合擊的。

早先我建議暫時假設一個觀點是成立的，而現在我想是認真思考它的時候了。最近的心理分析論文裡有個理論甚囂塵上，認為任何一種挫折，任何被阻礙的驅力滿足，都導致了或可能導致罪惡感的加劇。[4]我相信那是個很好的理論簡化，如果我們只是應用在攻擊驅力上，而沒有發現這個假設有什麼矛盾。例如說，我們如何就動力和經濟的考量去解釋為什麼會是罪惡感的加劇，而不是一個沒有被實現的愛欲要求？這似乎只有以拐彎抹角的方式才有可能，也就是假設說，愛欲滿足的阻礙會喚起對於阻礙滿足的那個人的攻擊傾向，而這個攻擊性自身也必須再度被壓抑。可是變形成罪惡感的，畢竟只是那個被壓抑而轉移到超我身上的攻擊性。我相信如果心理分析關於罪惡感的起源的探究可以限縮在攻擊驅力上的話，我們應該可以更簡單而透明地表述許多歷程。臨床個案的調查對此不會有明確的答案，因為根據我們的假設，這兩者幾乎不會純粹而單獨地出現，反而是對於極端個案的評估可以指向我期待的道路。

我會傾向於把它應用在潛抑的歷程，而從這個個案的限縮觀點裡獲得第一個好處。就我們所知，精神官能症的病症，基本上都是我們沒有實現的性愛願望的替代性滿足。在分析工作的進行過程中，我們出乎意料地認識到，也許每個精神官能症病患心裡都藏著若干無意識的罪惡感，而反過來又把罪惡感當作一種懲罰，因而加強了病症。現在我似乎可以合理地提出以下的命題：如果一個驅力的渴望被潛抑，那麼它的原欲部分就會轉換成病症。即便這個命題只能說是平均近似為真，還是值得我們思考一下。

或許有些讀者會覺得在這篇論文裡聽了太多關於愛欲和死亡驅力之間的競賽之類的說法。它原本是要用來指出人類所經歷的文明歷程，可是它又扯到了個人的發展，宣稱揭露了整個有機生命的祕密。我想我們似乎不可避免地要探究一下這三個歷程的相互關係。人類的文明歷程和個人的發展一樣都是生命的歷程，都擁有生命的共同特性，有鑑於此，重提這個說法應該是合理的。另一方面，正因為如此，這個共同特性的證據若是沒有特殊的條件限定，那就無助於我們做任何的判別。現在我們只能說，文明歷程是生命歷程的一種變體，那是在愛神交付的、被阿南克（現實的定數）煽動的任務影響之下的一種變體，這個任務就是要個別的人們在一個基於原欲而組成的共同體裡團結在一起。然而，當我們檢視人類文明的歷程以及個人的發展或教育歷程，我們會毫不猶豫地斷定說，兩者就算不是同一個歷程，在性質上還是相當類似，只是對象不同而已。文明歷程當然在抽象層次上高於個體發展，因而沒有那麼看得見摸得著，而我們也不要在兩者之間過度穿鑿附會，可是就其目標的相似性而言——其一是使個人融入一個人類群體裡，其二是創造一個由眾多個體構成的群體——，我們應該不會訝異其手段及其產生的現象的相似性。

有個特徵是這兩個歷程的差異所在，由於它特別重要，我們一直擱置不談也不是辦法。在個人的發展歷程裡，快樂原則的主旨，也就是找尋快樂的滿足，一直是其主要目標。不管是融入或適應一個群體，似乎都是在實現這個快樂目標的道路上難以避免的條件。如果沒有這些條件，情況也許會好一點。換言之：對我們而言，個體發展似乎是兩種渴望相互干擾（Interferenz，疊加作用，相互混雜）的產物，其一是渴望得到快樂，我們習慣叫作「利己主義的」（egoistisch），其二是渴望在共同體裡和他人團結在一起，我們稱之為「利他主義的」（altruistisch）。這兩個名字都沒有很深入。在個人發展的歷程裡，重點主要是落在利己主義的渴望或是對於快樂的渴望上面；而另一個渴望，也就是所謂「文明」的渴望，一般而言僅僅是一個限制的角色。可是文明的歷程則不同，在這裡重要的是以人類個體建構起一個整體，固然也會有追尋幸福的目標，可是它被擱在後面；我們幾乎會以為如果可以不必理會個人的幸福，就越加有機會創造一個偉大的人類共同體。所以說，個人的發展歷程或許有其特別的性質，然而那是在人類的文明歷程裡再也找不到的；只有當第一個歷程以和共同體接軌為其目標，它才有必要和第二個歷程一致。

正如一顆行星既會圍繞著它的恆星公轉也會自轉，個人既會參與人類的演化歷程，也要走上他自己的人生道路。可是對我們眇眇忽忽的眼睛而言，天體的種種作用力彷彿凝固在一個永恆的秩序裡；在生命事件方面，我們看到種種力量的相互搏鬥，衝突的結果也不斷在改變。同樣的，在每個人心裡，這兩種渴望，對於個人幸福的渴望以及對於人際關係的渴望，都在相互競賽；同樣的，個人發展和文明演進這兩個歷程，也會相互對立並且爭搶地盤。可是個人和社會的對抗並不是愛欲驅力和死亡驅力這兩個原始驅力看似水火不容的對立的衍生物，它其實意味著原欲在挹彼注茲時產生的糾紛，相當於在自我和客體之間的原欲分配的爭奪，它准許在個人那裡獲致暫時的調停，而且可望在未來的文明裡也是如此，儘管它讓現在的個人生命苦不堪言。

文明歷程和個人發展道路的類比有個相當重要的延伸意含。我們可以主張說，共同體也會形成一個超我，文明的演進就在其影響底下進行著。對於熟諳人類文明的人們而言，充類至盡地探究這個類比會是個誘人的課題。而我則只想指出幾個顯著的特點。一個文明時期的超我和個人的超我有個類似的源頭，它是奠基於偉大領袖的人格在人們心裡烙下的印象，雄才大略的人，或者是強烈、單純而極為片面地表現出人性渴望的人。這個類比還可以延伸到許多情況裡，在他們的一生裡，他們往往遭到他人的譏笑、歧視或是棄若敝屣，正如先祖直到慘死很久以後才變成神。就這種命運的關聯性而言，人子耶穌基督是最感人肺腑的例子，如果那不是用來喚醒人們對於遠古事件的模糊記憶的神話故事的話。另一個共同點則是在於，文明的超我和個人的超我一樣，都會提出許多嚴厲的理想要求，假使不遵守，就會遭到「良心的恐懼」（Gewissensangst）的懲罰。的確，我們在這裡看到一個奇怪的情況，那就是相關的心理歷程在群體當中比在個人那裡更為人熟知。在個人那裡，超我的攻擊在衝突的情況下會以訓斥的方式吵嚷不休，而它真正的要求是什麼，反而沒有被意識到。如果我們意識到它們的話，就會發現它們和任何文明的超我的規範沒什麼兩樣。在這點上，這兩個歷程，群體的文明演進歷程和個人的發展歷程，一般而言都是黏在一起的。因此，相較於超我在個體那裡的行動，我們從超我在文明共同體裡的行為會更容易看到它的若干表現和性質。

文明的超我形成了它的理想，提出了它的要求。在那些要求當中，有些是關於人際關係的，它們就構成了倫理。每個時代的人們都很重視這個倫理，彷彿指望它會有什麼特別重要的功效。而它事實上正是在處理每個文明顯而易見的痛處。於是，倫理可以被視為一種治療的嘗試，致力於以超我的誡命成就其他文明工作至今都做不到的事。我們都知道，它想探討的是要怎樣排除文明最大的障礙，也就是人類天生的相互攻擊傾向，而這或許也是超我最近的文明要求特別引人入勝之處，那就是愛鄰舍如己的誡命。在精神官能症的研究和治療當中，我們會對個人的超我提出兩個譴責。它提出種種嚴厲的誡命和禁令，卻不在乎自我是否快樂，因為它不怎麼考慮到在遵守它們的時候會遭遇到的阻抗、原我（Es）的驅力強度，以及現實的外在環境的困難。基於治療的目的，我們往往被迫要和超我拉扯，想盡辦法減低它的要求。我們也可以對文明超我的倫理要求提出同樣的抗議。它也不是很在乎人類心理構造的事實，它宣布一條誡命，卻不問人們是否能夠遵守。相反的，它假設人的自我在心理上做得到任何對他提出的要求，假設自我對於它的原我擁有無限權力。這是個錯誤，而且就算是正常人，他對於原我的控制也有個限度。如果要求太過分，就會使個人心裡產生反抗，或是導致精神官能症，或是使他不快樂。「愛你的鄰舍如同自己」這條誡命是對於人的攻擊性最堅強的防禦，也是文明的超我和心理無關的行為的絕佳例證。這個誡命完全行不通；愛的大規模的通貨膨脹，只會導致它的貶值，而沒辦法走出任何困境。文明對此完全不在意；它只是告誡我們說，規定越是難以遵守，它的賞報就越豐厚。可是在現在的文明裡，但凡人遵守這樣的規範，相對於蕩檢踰閑的人，只會是吃虧的那一方。攻擊性對文明的障礙何其之大，如果說因為防堵它而造成的不幸和攻擊性本身一樣大的話！在這裡，所謂的「自然」倫理學，除了讓自己覺得優於他人的那種自戀式的滿足以外，一點用處也沒有。在這點上，以宗教為基礎的倫理學就導入了更幸福的來生的應許。但是如果德行沒有辦法在此生得到賞報的話，我想倫理學也只是在空口說白話而已。而且我也確信，相較於任何倫理的誡命，人類和財產的關係的真正改變會是更好的補救之道；可是社會主義者的這個看法由於他們後來對於人性的理想主義式的誤解而蒙上了灰，因而被認為滯礙難行。

我認為在文明演進的現象裡探索超我所扮演的角色的這個思考路徑，應該還會有其他更多發現。我太急著擱筆了。畢竟有個問題是我難以迴避的。如果說文明的演進和個人的發展在這麼多方面都相當類似，而且也採用了相同的手段，那麼我們在診斷時難道不可以合理地說，有些文明，或者是文明時期，或者可能是整個人類，在種種文明渴望的影響下，會變成了「精神官能症」？而對於這種精神官能症的分析解剖可以得出相當實用的治療上的建議。我不會說這種從心理分析轉移到文明共同體的嘗試是無稽之談，或者註定是徒勞無功的。可是我們要相當謹慎，而且不要忘了這只是個類比，不管是人或是概念，把他們抽離出他們在其中產生或演變的領域，那是很危險的事。其次，對於共同體的精神官能症的診斷也遭遇到一個很特殊的難題。在個人的精神官能症方面，我們會以病患和他的所謂「正常」環境的對照作為起點。可是對於一群罹患相同病症（病變）的人們而言，並不存在著這種對照的背景，我們只能在別的地方尋覓。至於這個看法在治療上的應用，如果沒有任何人擁有要求群眾接受治療的權威，那麼就算對於社會的精神官能症的分析再怎麼鞭辟入裡，那又有什麼用呢？不過儘管有層層阻礙，我們還是期待有一天有人勇於從事這種文明共同體的病理研究。

基於各種不同的理由，我並不想評論人類文明的價值。我盡量避免那種狂熱的成見，以為我們的文明是我們可能擁有或贏得的文明當中最珍貴的，而它的道路也必然指向一個難以想像的完美巔峰。我至少可以心平氣和地傾聽批評者的說法，他們認為如果我們觀察一下文明渴望的目標以及它所採用的手段，我們一定會推論說，文明的整個努力都是白費工夫，其結果只會是一個讓個人難以忍受的境況。由於我對於這類的事所知不多，使得我更容易無黨無偏，只有一件事是確定的，人的價值判斷必然被他的快樂願望左右，也就是企圖以種種理由支持他的幻想。可以理解有人會指出人類文明必不可免的性格，也會說以天擇為代價而限制性愛或者實現人性理想的這些傾向，是沒辦法阻止或逃避的演化設定，而我們最好也視之為大自然的必然性而向它低頭。我也知道有人會反駁說，這些渴望儘管是難以克服的，可是在人類歷史裡卻也屢屢被棄置而取代。所以我不敢在同儕面前擺出一個先知的模樣，而我也接受他們的指摘說我不知道怎麼安慰他們，因為到頭來，他們要的只是像最聽話的信徒一樣激情的最瘋狂的革命份子。

對我而言，人類命運的問題，似乎就是他們的文明演進是否可以控制住人類的攻擊驅力和自我毀滅的驅力，不讓它們傷害到共同生活。在這方面，現在這個時代或許特別值得我們關注。人們現在支配著大自然的力量，可以憑藉著它輕而易舉地相互毀滅殆盡。他們對此心知肚明，他們現在的不安、他們的不快樂、他們的恐懼情緒，有一部分就是來自於此。可想而知的是，「蒼天的威力」其中之一，永恆的愛神，會想盡辦法在和他同樣不朽的對手的競賽當中勝出。可是誰能預見到底哪一方會獲勝，結局是怎麼樣呢？*

* 譯注：最後的這句話是在一九三一年增補的。

注釋

第一章　無助感是對於宗教渴求的原因

注1：格拉貝（Christian Dietrich Grabbe, *Hannibal*）說：「是啊，我們不會掉落到世界之外，只要我們到這裡走一遭。」

注2：關於自我發展和自我感覺的大量研究，見：Ferenczi, *Entwicklungsstufen des Wirklichkeitssinnes*, 1913；另見：費登（P. Federn）於一九二六、二七年及其後的論文。

注3：見：*The Cambridge Ancient History*, T. VII. 1928. "The Founding of Rome", by Hugh Last。

第二章　幸福是人類追求的目標

注1：見：Goethe, Zahmen Xenien, IX, in: *Gedichte aus dem Nachlaß*。

注2：威廉・布希（Wilhelm Busch）在《虔誠的海倫》（*Die Fromme Helene*）裡以比較低俗的語氣說：「自古人皆知，有愁便有酒。」

注3：歌德甚至勸誡說：「沒有比一連串的美好日子更讓人難以忍受的。」這當然是個誇大之詞。

注4：如果人不是天賦異稟而特別被指定了生命興趣的方向，每個人都可以依據伏爾泰的聰明建議選擇一般的職業。我們沒辦法在有限的篇幅裡充分討論為了原欲經濟而勞動的重要意義。沒有任何生活的藝術比強調勞動更讓人貼近現實的；因為他的勞動至少使他在現實世界、在人類共同體裡佔有一個安穩的地位。它可以把大量的原欲元素，不管是自戀的、攻擊性的甚或是愛欲的，都轉移到職業上或是和他有關的人際關係上，這使得它擁有一個完全不亞於社會生活的保存和正當化的價值。職業行為是個特殊滿足的來源，如果它是自由選擇的話，也就是說，透過昇華，它讓人可以利用既有的傾向、持存的或不斷增強的驅力衝動。然而，作為幸福的道路，人們並不那麼重視勞動。他們不像追求其他滿足那樣渴望勞動。大多數人只在生計的壓力下才會勞動，而人天生對於勞動的反感也導致了最嚴重的社會問題。

注5：另見："Formulierungen über die zwei Prinzipien des psychischen Geschehens", 1911 (Ges. Schriften Bd. VI)；"Vorlesungen zur Einführung in die Psychoanalyse", XXIII (Ges. Schriften Bd. VII)。

第三章　文明裡的抑鬱的原因

注1：見：*Die Zukunft einer Illusion*, 1927。

注2：儘管心理分析的資料不是很充足，也沒辦法清楚解析它們，不過我們還是可以據此（相當合理地）猜測這個人類盛事的起源。當初民接觸到火的時候，他們就習慣把嬰兒期欲望的滿足和它連結在一起。我們擁有的傳說裡的原始觀點顯然是把向上竄起的火舌當作陽具。撒尿把火澆熄——現代的巨人，小人國（Lilliput）上的格列佛（Gulliver）以及拉伯雷（François Rabelais）的《巨人傳》（*La vie de Gargantua et de Pantagruel*）都可以回溯到這個主題——因此就像是和一個男人的性行為，同性之間的競賽時男性雄風的享受。誰可以放棄欲望而不澆熄它，就可以把火拿走並且使用它。他抑制自己的性衝動的火舌，也就意味著馴服了火的自然力量。所以說，這個偉大的文明征服是放棄驅力的回報。其次，那就宛如人們指派一個女性去看守家裡爐灶圈起來的火，她會因為生理構造而沒辦法抵抗這種欲望的誘惑。值得注意的是，分析一再證實了野心、火和尿道性興奮（Harnerotik）之間的關聯性。

注3：見：*Charakter und Analerotik*, 1908 (Ges. Schriften, Bd. V)；以及瓊斯（E. Jones）其他論文。

第四章　文明的兩大支柱：愛神和阿南克，愛和匱乏

注1：性愛過程的生物週期性固然一直存在著，可是它對於心理的性快感的作用卻顛倒過來。這個變化很可能和嗅覺刺激的減少有關，而因此月經週期也對男性心理造成了影響。視覺刺激取代了它們的角色，相對於周期性的嗅覺刺激，視覺刺激的效果持續得比較久。月經的禁忌是衍生自「器官性的潛抑」（organische Verdrängung），是在防止已經被克服的一個發展階段。所有其他動機很可能都只是次性。（另見：C. D. Daly, *Hindumythologie und Kastrationskomplex, Imago* XIII, 1927）這個過程會在另一個層次上重複出現，如果某個被超越了的文明時期裡的諸神變成了魔鬼的話。然而，嗅覺刺激的降低本身似乎是人脫離了土地的結果，他決定直立行走的結果，而這使得他以前藏起來的性器官曝露在外而需要保護，於是在他心裡喚起了羞恥感。所以說，文明的命中註定的歷程就是以人的直立行走為起點的。自此一連串的事件接踵而來，從對於嗅覺刺激的貶抑，月經期的隔離，一直到視覺刺激的獨佔鰲頭，性器官的露出，性快感的連續性，家庭的組成，而來到人類文明的大門口。這只是個理論的臆測，可是它相當重要，值得我們仔細研究和人類親緣關係比較近的動物的生活情況。——在講究整潔的文明趨勢裡顯然也有個社會因素，我們固然可以事後諸葛地以衛生的考量證成它，可是它在這個看法之前就表現出來了，

其中必定有個社會性的環節。對於整潔的衝動和想要掃除讓感官知覺相當不愉快的排泄物的強迫性衝動是一致的。我們知道在嬰兒室的情況大不相同。小孩子不會對排泄物感到厭惡。他們認為它是身體的一部分，是從身體裡出來的，因而很重視它。在這點上，教養特別加速了擺在眼前的發展的過程，把排泄物當作沒有價值的、噁心的、討厭的、下流的東西。若不是這個從身體脫離的物質因為其氣味而被判處和人類因為直立行走而減少的味覺刺激一樣的命運，就不會有這樣的價值翻轉。因此，肛門性欲是第一個遭到「器官性潛抑」的，也為文明鋪了路。促使肛門性欲進一步轉型的社會性因素，可見於一個情況，那就是儘管人類不斷地進步，他很少會覺得自己的排泄物臭不可聞，而只會討厭別人的排泄物。所以說，一個不乾淨的人，也就是沒有把排泄物擦乾淨的人，會讓人很討厭，那意味著他沒有考慮到別人，我們從最難聽而常見的罵人的話就看得到這點。我們也會難以理解為什麼狗明明是人類最忠實的朋友，卻被用來當作罵人的語詞，如果狗不是因為擁有兩種性質而讓人厭惡的話，那就是牠是以嗅覺為主的動物，而且不會討厭排泄物，此外牠也不覺得自己的性功能是什麼羞恥的東西。

注2：我曾經讀過著名而優雅的英國人蓋斯渥錫（J. Galsworthy）的詩作，題目是：「蘋果樹」（The Apple Tree）。它以感人肺腑的筆調描述兩個孩子之間的淳樸自然的愛如何不見容於現代文明人。

注3：以下的評論是要佐證上述的觀點：人也是有明確的兩性構造的動物。個體相當於兩個對稱的部分的融合，有些科學家認為其中一部分是純粹男性，另一部分是純粹女性的。但是也有可能那兩個部分各自都是雌雄同體的。性是個生物性的事實，儘管它對於心理世界意義重大，卻不容易從心理學去把握它。我們習慣會說：每個人都會表現出男性和女性的驅力衝動、需求和性質，可是雖然解剖學可以指出男性和女性的特徵，心理學卻沒有辦法。對它而言，兩性的對立漸漸褪色變成主動性和被動性，我們幾乎會不假思索地把主動性和男人、被動性和女人放在一起，而這在動物界並不是沒有例外的事。關於雙性戀的理論仍然有許多晦澀難解之處，也找不到和驅力理論的接合點，我們在心理分析裡只能把它視為嚴重的障礙。無論如何，如果我們假設個人在性愛裡其實想要同時滿足男性和女性的願望，那麼我們就要接受一個可能性，那就是這些要求不會由同一個客體滿足，如果人們沒辦法把它們分開，讓每個衝動各自走在適合它們的軌道上，它們就會相互干擾。而由於每個愛欲關係除了自己的施虐癖成分以外，往往也會伴隨著某個程度的直接攻擊傾向，因而產生了另一個難題。愛的對象不一定會諒解或寬容這些複雜關係，就像說一個農婦抱怨說她的丈夫不愛她了，因為他已經一個禮拜沒有揍她了——可是延續我在本章注1裡的闡述，我可以追根究柢地猜測說，隨著人的直立行走以及對於嗅覺的貶低，整個性愛，不只是肛門性欲，都成了器官性潛抑的犧牲品，以致於自此之後，

性功能都會伴隨著一種不明所以的阻抗。使它沒辦法完全得到滿足，迫使它從性愛目標轉向種種昇華和原欲的轉移。我知道布洛伊勒（Bleuler, "Der Sexualwiderstand". *Jahrbuch für psychoanalyt. und psychopathol. Forschungen*, Bd. V, 1913）有一次指出這種對於性愛的原始厭惡態度的存在。所有精神官能症病患以及其他人都會反對「我們生於屎溺之間」（Inter urinas et faeces nascimur）這個事實。性器官也會產生讓人難以忍受的強烈氣味，因而妨礙了他們的性交。於是我們應該認識到，隨著文明一起進展的性潛抑的源頭，是對於人類不同以往動物性生活的直立行走的生活方式的器官性反抗。說也奇怪，這個研究成果倒是和種種屢見不鮮的成見不謀而合。不過這些東西頂多只是沒有科學證實的可能性而已。我們也不要忘了，儘管嗅覺刺激的貶抑是不爭的事實，在歐洲還是有許多人覺得令人作嘔的性器官氣味可以刺激性欲而不忍捨棄。（民間傳說的「採擷」，見：Iwan Bloch, "Über den Geruchssinn in der vita sexualis," in Friedrich S. Krauß, *Anthropophyteia*）

第五章　為了安全而對於性愛和攻擊性的限制

注1：至少有個偉大的詩人膽敢用戲謔的方式說出被嚴格禁止的心理真相。海涅（H. Heine）是這麼說的：「我有個最寧靜的省思。我的願望是：一處簡陋的茅茨小屋，可是有一張好床，一餐佳餚，牛奶和奶油都很新鮮，窗前繁花似錦，門外幾株美麗的樹木，而如果慈

愛的神願意賜我快樂的話，那就讓我享受一下把六、七個敵人吊死在這些樹下的樂趣，我會以激動不已的心，在他們死前原諒他們對我的一生所做的不義——是的，人應當原諒他的仇敵，可是要直到他們被吊死的時候。」（Heine, *Gedanken und Einfälle*）

注2：但凡人年輕時飽嚐貧窮困厄，體驗過財主們的冷漠和傲慢，都會同情且支持對抗財富不均及其結果的種種努力。的確，如果這個抗爭是基於抽象的主張，以正義之名，為了全體人類的平等，那麼就會有明顯的反對意見，認為人天生的身體構造和心智能力就極為不平等，這些自然的不義是沒有任何補救之道的。

注3：見：*Massenpsychologie und Ich-Analyse*, 1921。

第六章　死亡驅力和毀滅驅力

注1：愛欲永不止息的擴張傾向和驅力一般性的保守天性之間的對立相當明顯，也可能成為其他問題的提出的起點。

注2：我們現在的觀點可以一言以蔽之：任何驅力的表現都有原欲的成分在裡頭，可是它們不全部都是原欲。

注3：我們或許可以更確切地說：如同它應該依據某個還猜不出來是什麼的事件而形塑的生存競賽。

第七章　超我及其嚴厲性的演變

注1：我們想到盧梭著名的「中國人」。（譯者按：見：巴爾扎克《高老頭》，書中提到盧梭問他的讀者說：如果他可以不出門、不會被懷疑或被捕，而殺死一個住在中國的中國人，並且因而得到好處，那麼他會怎麼做。但是事實上盧梭沒有講過這樣的話。）

注2：這個概述有別於在現實世界不停的轉移當中發生的事，它要探討的不是一個超我的存在，而是它的相對強度和影響層面，任何有識之士都應該理解且考慮到這點。目前關於良心和罪惡的討論是大家都熟悉而沒有太多爭議的。

注3：馬克．吐溫（Mark Twain）在一則有趣的小故事「我第一次偷摘西瓜」（The First Melon I Ever Stole）探討了倒楣的事如何促進人的道德。那顆西瓜剛好還沒有熟。我是聽馬克．吐溫自己講這個小故事的。他說了這則故事的題目之後沉思了片刻，一臉懷疑地問自己：「那是第一次嗎？」他這句話說明了一切。

注4：梅蘭妮．克萊茵（Melanie Klein）和其他英語系作家也都曾經正確地突顯這個問題。

注5：法蘭茲．亞力山大（Franz Alexander）醫生在《整體人格的心理分析》（*Psychoanalyse der Gesamtpersönlichkeit*, 1927）裡延續艾許洪（Aichhorn）關於疏於管教的研究，鞭辟入裡地探討了病態的教育方法的兩個類型，也就是過度嚴格和溺愛。「過度軟弱而寬厚」的父

親會讓孩子有機會形成一個過度嚴厲的超我，因為這個孩子在他感受到的愛的影響之下，沒辦法為他的攻擊性找到出口，而使它轉移到內心世界。而疏於管教的孩子沒有得到愛的教育，他的自我和超我之間會產生衝突，他的整個攻擊性會轉向外在世界。如果我們撇開假設中的體質因素不談的話，就可以說，嚴厲的良心源自兩個生命經驗的共同作用，也就是驅力的放棄，它會解開攻擊性的束縛，以及愛的經驗，它會使這個攻擊性轉向內心，轉移到超我那裡。

注6：見：Goethe, "Lieder des Harfners," in: *Wilhelm Meisters Lehrjahre*。

第八章 結語

注1：「於是良心使我們大家都變成懦夫……」現在年輕人的教育不讓他們知道性愛在他們的生命裡扮演什麼樣的角色，這不只是我們不得不指責它的唯一之處。它的另一個罪在於沒有讓他們為了註定淪為其對象的攻擊性作準備，教育以如此荒謬的心理取向把他們拋到生活裡，那就像是要人穿著夏季服裝，配備著義大利湖泊的地圖到北極探險一樣。這其中點顯然濫用了倫理的要求。如果教育說：「我們應該成為那樣的人，自己才會快樂，也可以使別人快樂，但是我們也要考慮到他們或許不是那樣的人。」那麼這些倫理要求再怎麼嚴格都沒關係。相反的，年輕人被要求相信其他人也會遵守倫理的規範，也就是

作個有德行的人。那些要求就是以此為理由要年輕人也這麼做。

注2：見：*Die Zukunft einer Illusion*, 1927。

注3：見：*Totem und Tabu*, 1912。

注4：特別見瓊斯（E. Jones）、蘇珊．艾薩克斯（Susan Isaacs）、克萊茵（Melanie Klein）、萊克（Reik）和亞力山大（Alexander）的著作。

【附錄】為什麼會有戰爭？

——佛洛伊德與愛因斯坦的通信

Warum Krieg? Ein Briefwechsel Albert Einstein-Sigmund Freud

1933, Paris: Internationales Institut für Geistige Zusammenarbeit (Völkerbund), pp. 62

前言

一九三一年，國聯國際知識份子合作機構（Leagues of Nations International Institute of Intellectual Cooperation）計劃邀請當時著名的知識份子以書信談論「符合國聯以及學術圈興趣的任何主題」，並且定期出版這些書信。他們第一個就找上愛因斯坦，而愛因斯坦則推薦了佛洛伊德。於是祕書處於一九三二年六月致信佛洛伊德詢問其意願，他當下就同意了。愛因斯坦選擇的問題是：有任何方法可以讓人免於戰爭的威脅嗎？他寫信給佛洛伊德，而佛洛伊德也致信回答他的問題。他們的書信於一九三三年三月在法國巴黎公開，同時有德文原文以及英文譯本。這封信後來在德國被禁止出版。

愛因斯坦致佛洛伊德

一九三二年七月三十日於波茨坦（Potsdam）卡普特（Caputh）

親愛的佛洛伊德先生：

國聯及其位於巴黎的國際知識份子合作機構，他們提議我可以任意選擇邀請一個人，就我選擇的任何問題坦率地交換意見，我很開心有這個千載難逢的機會和您一起討論一個問題，我認為就當下的局勢而言，它似乎也是文明最重要的問題：是否有任何方法可以使人類免於戰爭的災難？大家都知道，隨著現代科技的進步，這個問題已經變成了文明人攸關生死的問題，然而，儘管人們苦心思慮其答案，到頭來還是慘遭滑鐵盧。我相信，基於職責或是實踐上必須探究這個問題的人，都很清楚這種無力感，也很想知道沉浸在科學工作而不問世事的人，對於這個問題有什麼看法。就我而言，我習慣的思考對象沒辦法讓我深入觀察人的意志和感情，在我們嘗試的意見交換裡，我所能做的，就只是釐清問題，並且提示各種明顯的答案的理由，讓您有個機會就您對於人類驅力世界鞭辟入裡的知識觀點去闡明這個問題。我們知道有某些心理學的障礙，使得外行人對於心理科學只是一知半解，對於其相互關係以及變化更是不得其門而入，我大膽揣測您應該可以提示若干和政治無關的教學方法，以排除這些障礙。

由於我是個沒有那種民族主義情感的人，在我看來，這個問題的外在的、也就是機構性的層面似乎很簡單：所有國家共同設置一個立法和司法機關，以平息在它們之間產生的所有衝突。它們有義務遵守由立法機關制定的法律，並且就所有爭端向法院提出訴訟，無條件同意法院的裁定，並且執行法院認為對於履踐其裁定有必要的種種措施。在這裡我就遇到了第一個困難：法院是人類設置的機關，它的權力越是不足以據以執行其裁定，它就越加傾向於以法律之外的影響力去執行其裁定。那是我們必須考慮到的事實：權利*和權力**是不可分的，一個司法機關的判決會更加接近一個共同體的正義理想，以法律的名義和旨趣做出判決，如果這個共同體可以籌集到更多的權力工具，讓人不得不尊重它的正義理想的話。可是眼下我們根本沒有一個超國家的機構，可以授予其法院不可抗辯的權威，並且要求人們絕對服從它的裁定執行。於是我被迫得出第一個論斷：國際安全的道路取決於各個國家是否無條件放棄其部分的行動自由，也就是主權，而且不可否認的是，並沒有其他道路可以獲致這樣的國際安全。

我們看到過去幾十年來人們盡心盡力實現這個目標，到頭來卻是一無所獲，讓人明顯感覺到有某些強大的心理力量在癱瘓人們的困心衡慮。有些力量顯而易見。各個國家的統治階層的權力欲望會使他們抗拒其主權的限縮。而在另一個領域裡對於物質和經濟方面的權力欲望，則往往會滋養助長這個「政治上的權力欲」。我在這裡想到的，主要是每個國家裡的一小撮人，他們一意孤行，沒有任何社會性的考量或顧慮，他們的戰爭，武器生產和交易，只是在謀取個人利益，擴張個人的權力範圍而已。

這個簡單的論斷卻只是對於整個來龍去脈的初步認識。我們立刻要問：這些所謂的少數人怎麼有辦法操控國家裡的群眾以滿足其欲望，而不會因為一場戰爭

---

* 譯注：「Recht」在下文同時有權利和法律兩個意思。

** 譯注：「Macht」在下文也有權力和力量兩種意思。

受苦或遭到損失？（當我說到國家裡的群眾，我並沒有排除應召上戰場的各級軍官士兵，我相信他們都是以其至誠報效國家，而有時候攻擊是最好的防禦。）在這裡，我們第一個想到的答案是：每個國家少數的統治階層特別會掌控學校、媒體，大部分也會操縱宗教團體。他們透過這些手段支配和引導大多數群眾的情感，把他們當作沒有意志的工具。

可是這個答案也無法涵蓋整個情況，因為我們會問：群眾怎麼會被上述的手段煽動而群情激憤甚至自我犧牲？答案只會是：人心裡存在著仇恨和毀滅的需求。這個天性在平常的時候會潛伏著，只有在異常狀態下才會顯現；可是它也很容易被喚醒，而升高為集體思覺失調（Massenpsychose）。這裡似乎潛藏著整個錯綜複雜的災難性因素。關於這點，只有關於人類驅力的專家才有辦法闡明吧。

於是我們來到最後一個問題：有沒有可能引導人類的心理發展，使得人們對於這種仇恨和毀滅的思覺失調症產生抵抗力。我絕對不只是指所謂沒有文化的群眾。根據我的人生經驗，最容易被災難性的集體暗示（Massensuggestion）操縱的，反而是所謂的「知識界」（Intelligenz），因為他們不習慣直接從經驗裡去認識那種東西，而是透過印刷的紙張方便而完整地理解它。

最後我還要提到一點：我到現在為止所談的，只是國家與國家之間的戰爭，也就是所謂的國際衝突。我知道人類的攻擊性也會以其他形式、在其他條件下表現出來（例如內戰，以前是出於宗教的因素，現在則是社會的因素，以及對於少數民族的迫害）。但是我知道我提出來的是最具代表性的、最殘忍的、最無所不用其極的衝突形式，因為它或許也最容易用以說明戰爭的衝突可以如何避免。

我知道您在您的著作裡直接或間接地回答了所有這些引人入勝而且迫在眉睫的問題。可是如果您可以特別就您新的研究成果闡述如何謀求世界和平的問題，那會大有裨益，因為種種成效卓著的行動方針都會以這個闡述為起點。

耑此

敬頌　時祺

亞伯特・愛因斯坦

佛洛伊德致愛因斯坦

一九三二年九月於維也納

親愛的愛因斯坦先生：

聽說您打算和我就某個您有興趣的、而其他人似乎也會有興趣的主題交換想法，當下我就欣然同意。我滿心期待您就現在知識可及的範圍選擇一個問題，我們兩人，物理學家和心理學家，可以依據各自的進路，就不同的側面找到共同的基礎。接著，您的提問著實讓我感到驚訝：人可以怎麼做，以阻止人類戰爭的命運。我自覺——我本來要說是「我們」——駑鈍而感到惶恐，因為我覺得這似乎是政治人物要回答的實務問題。可是我也明白您不是以自然科學家或物理學家的身分提出這個問題的，而是一個愛這個世界的人，以回應國聯的呼籲，就像極地科學家南森（Fridtjof Nansen）*一樣，他致力於救助因為世界大戰而挨餓受凍、

* 譯注：挪威科學家、探險家和外交家，一八八八年首度橫越格陵蘭，一九二二年獲諾貝爾和平獎。

無家可歸的難民。*我也想到我沒辦法提出任何實務的建議，而只能就一個心理學家的觀察談論如何防止戰爭的問題。

可是關於這個問題，您在來信中大部分的針砭之語已經把我該說的話都說完了（den Wind aus den Segeln genommen），讓我中心悅而誠服之（ich fahre gern in Ihrem Kielwasser）**，也願意盡我所知——或者是我的臆斷——補充說明一下，以佐證您提出的看法。

您以權利和權力的關係為起點。它固然是我們的探究的正確開端，可是我可以用更生動而刺耳的「武力」（Gewalt）取代「權力」一詞嗎？對於現在的我們而言，權利和武力是對立的。其中一方顯然是由另一方演變出來的，而我們也要探本窮源，檢視它最早是怎麼出現的，如此一來，問題就會迎刃而解。可是我要請您見諒，如果我在下文把販夫走卒都知道的事情當作什麼創見的話；我這麼做是情況使然。

---

* 譯注：一九二二年，南森任職國聯難民事務高極專員，處理國際難民安置問題，主張發護照給無國籍的難民。

** 譯注：以上是兩個有雙關語意思的成語。

人與人之間的利益衝突主要都是以使用武力去解決的。整個動物界都是如此，人類也不例外；當然，人與人之間還有種種的意見衝突，甚至到了極為抽象的程度，而必須有另一種決疑的技術才行。可是這是後來才出現的併發症。起初只是由一小撮人，由肌肉力量比較強的人決定誰該聽誰的，或者說要遂行誰的意志。肌肉力量越來越強，到頭來更以武器的使用取代之；誰的武器更鋒利，或者誰的操作技藝更好，他就會獲勝。隨著武器的引進，深謀遠慮也取代了蠻力；戰爭的終極意圖一直沒變，那就是讓對方遭到損害或是癱瘓他的力量，而迫使他放棄其要求或對立。而如果永久排除敵人的力量，也就是致對方於死地，那就可以澈底成就其企圖。它有兩個好處，其一是敵人不會有反撲的機會，其二則是有以儆效尤的作用。除此之外，手刃敵人也會滿足一種驅力的傾向，我在下文會提到它。可是有個考量會阻止這個屠戮的意圖，那就是如果敵人已經曳兵棄甲，就讓他們免於一死而為其所用。於是武力就僅止於屈人之兵而不是寸草不留。於是就有了接受敵人棄械投降的慣例，可是戰勝者既要考慮到被征服者是否懷有報復的意圖，也要放棄他一部分的自身安全保障。

這就是原始狀態，誰的力量強大，不管是蠻力或是以智取勝的武力，誰就是主人。我們知道隨著演化，這個統治權也會不斷改弦更張，而走向以權利法律取代武力的道路，然而是哪一條道路呢？我認為道路只有一條。那就是只要弱小者齊心齊力，也可以打倒力量更強大的獨夫。「團結就是力量。」（l'union fait la force）團結可以摧毀武力，於是團結的人們可以提出他們的權利（法律），以對抗獨夫的武力。我們看到了權利（法律）就是一個共同體的權力。然而它也可以是武力，用來對付每個和它作對的人，它會使用同樣的手段，追求同樣的目的；差別只是在於，它不再是一個獨夫的武力貫澈，而是共同體的武力。但是如果要由武力過渡到新的法律，就必須滿足一個心理條件。人們的團結必須是堅定而恆久的。如果只是為了對抗一個強權，而一旦推翻了它就會解散，那麼這樣的團結就只是泥牛入海。下一個自恃更強大的人還是會意圖以武力攻城掠地，這個遊戲也會不斷重複而永無止境。共同體必須恆久持存，擁有完整的組織，制定種種規範，以因應他們擔心的叛變，它也必須設置執法機關以守護其規範（法律），並且依法執行強制力。當人們承認了一個利益共同體，一個團結起來的團體的成員，就會形成一種情感的凝聚，也就是對於共同體的情感，這就是他們真正的力量基礎。

我想我已經提到了所有本質性的因素：把權力授予一個由成員的團結心凝聚起來的更大團體以對抗武力，所有其他的東西就只是執行和重複而已。只要共同體是由力量相當的個體組成的，情況就會很簡單。這個聯盟的法律會規定個人必須放棄若干程度的使用武力的個人自由，以保障團體的共同生活。可是這種靜止狀態只有在理論上才成立，現實情況其實要複雜得多，因為共同體一開始就包含了不均等的權力元素，男人和女人、大人和小孩，以及因為戰爭和征服而形成的戰勝者和戰敗者，他們會變成主人和僕人的關係。共同體的權利其實是不平等的權力關係的表現，法律是由統治者制定的，也是為了他們而制定的，被統治者並沒有太多的權利可言。法律的動亂以及法律的續造（Rechtsfortbildung）有兩個因素，它們都是源自於此：其一是統治者企圖擺脫對所有人一體適用的限制，也就是從法治回到以武力統治，其二是被壓迫者不斷努力要奪取更多的權力，並且得到法律的認可，他們正好相反，是要推動把不平等的法律變成人人平等的法律。

當團體內部真正形成權力關係的轉移，第二個潮流就會特別重要，正如我們在許多歷史環節裡看到的。接著法律可能會漸漸適應新的權力關係，或者更常見的是統治階級不打算承認這個變化，於是就會出現起義、內戰，有時候會推翻法律，試驗另一種武力，建立另一種法律秩序。法律的改變還有另一個以和平形式表現的來源，那就是團體成員的文明轉變，然而它的情況並不相同，我們會在下文談到它。

所以說，我們看到，即便是在團體內部，以武力解決利益衝突也是不可避免的事。然而由共同生活在同一塊土地上推論出來的種種必要性和共同利益，會傾向於儘快結束戰爭，所以這些條件下的和平解決方案的機率也會不斷提高。然而，我們回顧人類歷史，卻只看到層出不窮的衝突，不管是兩個團體之間，或者是若干團體的合縱連横，或者是大小不對等的團體、城市、鄉村、部落、民族、王國，它們都是以戰爭的試煉作為仲裁的。這樣的戰爭的開端要不是其中一方的掠奪行為，就是完全的征服和侵占，關於侵略戰爭，我們不可以一概而論。諸如蒙古人和突厥所到之處片甲不留的戰爭，只會導致災難而已，相反的，有些戰爭則會建立更大的團體，而促進由武力到法治的轉型，在那個團體裡，人們不再武力相向，而以新的法律秩序平息衝突。於是，羅馬人征服地中海諸國，創造了珍貴的「羅馬和平」（pax romana）*法國國王們擴張版圖的欲望也創造了一個和平統一而興盛的法國。儘管聽起來很弔詭，我們卻必須承認，對於創造人們翹首以盼的「永久」和平而言，戰爭並不算是不當的手段，因為它有辦法創造一個龐大的團體，在其中，強大的中央集權可以阻止更多的戰爭。可是它終究是不合適的，因為侵略的成果並不會持久；剛剛建立的團體會分崩離析，大部分是因為以武力合併的各個部分欠缺凝聚力。此外，即使征服的版圖更大，也只會做到局部的整合，還是必須以武力解決其中各個部分的衝突。於是，所有這些戰爭行為只會使得人類以兵連禍結的小型戰役換來罕見卻更加毀滅性的大型戰爭。

就當代世界而言，我們的結論也不會有兩樣，而您在信裡也是如此推論的，儘管抄了捷徑。若要真正避免戰爭，只有一個辦法，那就是人類團結在一個中央集權底下，並且交付它去仲裁所有的利益衝突。在這裡顯然整合了兩個主張，其

* 譯注：指歷時五百年的羅馬帝國自西元三十年起的兩百年太平盛世。

一是要成立一個這樣的上級機構，其二是授予它必要的權力。它們缺一不可。國聯就是如此設計的機構，可是另一個條件卻沒有實現；國聯並沒有自己的權力，唯有成員國（個別的國家）同意把權力轉讓給國聯，它才有權力可言。眼下看起來沒有什麼協商的可能。然而除非我們沒有考慮到這是個史上罕見的大膽實驗——這種規模或許是史無前例的——，否則就沒辦法理解國聯這種機構的存在意義。以擁有權力為基礎的權威（也就是強制力），其實是訴諸於某種理想性的態度。我們看到了，整合一個共同體的，有兩個要素：武力的強制以及成員們的情感凝聚——掉個書袋來說，就是一種認同——，若是欠缺任何一個環節，或許就會由另一個環節支撐著共同體。那樣的理想當然只有在它符合成員們重要的共同利益的情況下才有意義可言。接著的問題則是：它有多麼強大。歷史告訴我們，它其實是有效果的。例如說，泛希臘（panhellenisch）的理想，也就是自認為比周遭的蠻族更優秀，強烈表現在近鄰同盟（Anphiktyonien）*、神諭和慶典

* 譯注：指西元前七世紀由雅典等十二個鄰近國家組成的政治和宗教同盟，以神廟為中心，每年開會討論盟邦之間以及外邦的問題。

競賽上，它的力量足以減少希臘人之間兵戎相見的習慣，但是當然還不足以防止希臘民族各城邦之間的戰端，更不用說無力阻止其中的城邦或是城邦同盟對波斯人攻城掠地。基督宗教的共融情感（Gemeingefühl）儘管相當強大，卻也不足以在文藝復興時期阻止當時大大小小的基督教國家在相互爭戰當中尋求蘇丹的奧援。就連我們現代也不會有人對於這種團結一致的權威機構心存什麼指望。現在盛行於各國的民族主義理想顯然是反其道而行。有人預言說，直到布爾什維克的（bolschewistisch）思想方式席捲全球，才有辦法結束戰爭，可是我們現在當然距離這種目標還很遙遠，而且或許只有透過血流漂杵的內戰才可望獲致。以理想上的權力取代現實的權力，現在看起來是失敗的。如果我們無視於以下的事實，也就是權利（法律）起源自野蠻的武力，而武力的支持至今仍是不可或缺的，那麼我們就是失算了。

現在我可以對於您的另一個說法加以評注了。您相當驚訝於人類這麼容易被煽動而發起戰爭，您也猜想人類心中有什麼東西在起作用，一種仇恨和毀滅的驅力，它們和窮兵黷武的行為不謀而合。我只能再度完全同意您的看法。我們都相信這種驅力的存在，也在過去幾年裡探究它的種種表現。我是否可以趁這個機會對您說明我們在心理分析裡篳路藍縷地開創的驅力理論？我們假設人只有兩種驅力，其一是那種意欲保存或團結的驅力——我們稱之為愛欲驅力，指的是柏拉圖《饗宴篇》裡所說的那個愛神，或者是刻意延伸到一般性愛概念下的性欲——，而另一種則是意欲毀滅或致死的驅力；我們把它概括為攻擊的驅力和毀滅的驅力。您會看到，它其實是舉世皆知的愛和恨的對立的理論變形，它或許也和在您的領域裡扮演重要角色的引力和斥力的兩極性有著根本的關係。現在且容我們不要就其臧否遽下論斷。這兩種驅力缺一不可，有了兩者的合作和對抗，才會產生生命的現象。這兩種驅力似乎很少是單獨起作用的，而往往會結合——我們也可以說是熔合——另一個驅力的一部分，它會修正其目的，而且在某個情況下，唯有如此才可以成就那個目的。例如說，自我保存的驅力當然具有愛欲的性質，但是如果它要遂行其意圖，就要利用攻擊的手段。意欲某個對象的愛的驅力，如果想要擁有它的話，也必須添加一點佔有的驅力。困難在於，我們一直把這兩種驅力的表現分開來看，因而無法真正認識它們。

如果您跟著我進一步推論的話，您會聽到說，人類行為還可以看到另一種併發症。行為很少是來自單一的驅力衝動的結果，它必然是由愛欲和毀滅性組成的。在您的領域裡有一位先進意識到這點，那就是李希騰堡教授（Professor G. C. Lichtenberg, 1742-1799）他在我們人文薈萃的時代裡於哥廷根教授物理學，可是身為心理學家的他的貢獻或許比身為物理學家的他重要得多。他創造了「動機羅盤方位圖」（Motivenrose），並且說：「人的行為動因（Bewegungsgründe）*可以區分成三十二個方位角，而它們的命名方式也很類似，例如『麵包麵包名譽』，或是『名譽名譽麵包』**。」如果說人們被要求發動戰爭，那麼或許在他們心裡有許多動機投了贊成票，不管是高貴的或卑鄙的，有的可以大聲講出來，有的說不出口。我們沒有必要揭露他們的所有動機。攻擊和毀滅的欲望當然是在下半部的；歷史和日常生活裡無數的暴行都證實了這些動機的存在及其力量。如果這些毀滅性的欲望摻雜了其他愛欲或理想性的欲望，當然會更容易得到滿足。當我們

* 原注：我們現在叫作「Beweggründe」。

** 譯注：羅盤方位命名方式如「北北東」、「西南西」。

聽到歷史裡的種種暴行，有時候會覺得理想性的動機只是毀滅欲的藉口而已，而有時候，例如宗教裁判所的殘忍作為，則似乎既有理想性的動機在意識上推波助瀾，也有毀滅性的動機在無意識裡為其增援。兩者都是有可能的。

我擔心我辜負了您的本意，那畢竟是關於如何避免戰爭，而不是關於我們的理論。可是我想多花一點時間談一下我們的毀滅驅力，它的知名度遠遠不及於它的重要性。我們只要思索一下，應該都會認為每個生物裡面都有這樣的驅力，它會渴望摧毀生命，讓生命回到無生命物質的狀態。我們有理由很慎重地把它叫作死亡驅力，而以愛欲驅力代表對於生命的渴望。死亡驅力只要藉助特定的器官而表現出來，指向某些對象，它就會變成毀滅性的驅力。生物要摧毀外來的生物以保存它所謂自己的生命。可是會有一部分的死亡驅力殘存在生物內部並且起作用，我們已經試圖從毀滅性驅力的這種內化作用（Verinnerlichung）推論出許多正常的以及病態的現象。我們甚至把良知的產生解釋成這種攻擊性的內在化，因而成了異端邪說。如果這個歷程擴大到不可收拾的程度，您應該會注意到那是讓人憂心忡忡的事，它是個病態現象；而如果這些驅力轉向外在世界的破壞，生物就會如釋重負，其效果也會是有益的。有人會以這種生物學上的理由為我們努力對抗的醜惡而危險的欲望辯解。我們必須承認，相較於我們的奮力抵抗它們，這些驅力更加接近本性，對此我們也必須找到一個解釋。或許您會覺得我們的理論只是一種神話，而且一點也不討喜。可是所有自然科學不也都源自這類的神話嗎？您現在的物理學不也如此嗎？

因此，就我們接下來的目的而言，我們要據此推論說，人的攻擊傾向是不可能消除的。我們聽說地球上有些幸福的地方，大自然源源不絕地提供人類一切所需，有些部落過著寧靜的生活，不知有傾軋或侵略。我幾乎不敢相信，而我也很想於聽到更多幸福人們的故事。布爾什維克黨也希望，只要他們有辦法保證物質需求的滿足以及共同體成員之間的平等，就可以消弭人類的侵略行為。我認為這只是個幻想。眼下只見他們充實軍備，以針對所有外人的仇恨把他們的信徒團結在一起。此外，您自己也注意到了，重點不在於澈底消除人的攻擊傾向；我們可以嘗試轉移它，使它不一定表現在戰爭上。

基於我們神話一般的驅力理論，我們很容易就推論出一個間接消弭戰爭的公式。如果說窮兵黷武是毀滅性驅力的一種宣泄的話，可想而知的，我們就可以找到這個驅力的對手來對抗它，也就是愛欲。任何有助於產生人與人之間的情感凝聚的事物，應該都可以用來阻止戰爭。這些凝聚力有兩個類型。其一是和愛的對象的關係，即使和性愛的目的無關。心理分析在這裡不必羞於談論愛，因為宗教也在說同樣的東西：愛你的鄰人，像愛自己一樣。只是說起來容易，做起來卻很難。另一種情感凝聚則是透過認同。任何可以創造人與人重要的共同利益的事物，都會喚起這些共融情感，或者說是認同。人類社會的建立有一大部分是以它們為基礎的。

您在信中慨嘆權威的濫用，我則是由此推論出關於如何間接地對抗戰爭傾向的第二個建議。人類有一種天生且無法消除的不平等，那就是他們會區分成領袖和臣民兩種人。大部分的人屬於第二種，他們需要一個權威為他們做種種決定，而大部分的決定他們也會無條件臣服。因此，以前的人會更加殫思竭慮地教育出獨立思考的、不懼怕威脅的、致力追求真理的人，而領導那些依賴性的群眾的責任就落到他們身上。政府公權力的侵犯以及教會的思想箝制並不利於這種人才的培養，這是不證自明的事。一個使驅力的世界臣服於理性之支配的人類共同體，當然會是理想的情況。沒有任何事物比它更足以使人們全心全意地團結在一起，即使他們之間沒有情感的凝聚。然而它充其量只是個烏托邦的希望。間接阻止戰爭的另一個方法固然更可行，可是它無法保證會有立竿見影的成效。這使人很不情願地想到磨坊慢條斯理地碾磨，人們還沒有吃到他們的麵粉之前就餓死了。

您也知道，要不諳世故的理論家就迫在眉睫的實務問題提出什麼建議，成果不會太豐碩的。以眼前可以使用的方法去因應個別的危險情況，那或許會好一點。不過我還是想探討一個問題，您在信裡雖然沒有提及，可是我覺得特別有興趣。我們為什麼如此反對戰爭，您和我以及其他人，我們為什麼不能容忍它，把它當作人生許多尷尬的困境之一就好了？畢竟，戰爭看起來是很自然的事，也有其生物學上的理由，在實務上幾乎是不可避免的。請不要對於我的問題感到震驚。若要探討這類的問題，我們或許必須戴上一副事不關己的超然淡漠的面具。我們會有以下的答案，那是因為每個人都有生存的權利，因為戰爭會摧毀人們滿懷希望的生活，使人陷於羞愧的境況，逼迫他奪取他人的性命，破壞人們辛苦建設起來的珍貴物質財富和成果等等。況且，現在的戰爭型態再也無法實現舊時英雄主義的理想，隨著毀滅性武器的無堅不摧，未來的戰爭不僅會澈底殲滅敵人，可能也會同歸於盡。這一切都是事實，看起來如此不容辯駁，如果不是所有人都要異口同聲地譴責戰爭行為，那反而是一件怪事吧。其中若干環節無疑有討論的空間。一個共同體是否有權處分個人的生命，這的確是個問題；我們也不可以一概而論地譴責所有類型的戰爭；只要有無所不用其極地想要消滅對方的帝國和民族存在，那麼對方就必須為了備戰而秣馬厲兵。可是我們要趕緊擱置這個話題，它並不是您要求我討論的問題。我要接著談另一個問題；我相信，我們對於戰爭如此義憤填膺的主要原因，是因為我們不得不這麼反應。我們之所以是和平主義者，那是我們基於生物性的理由而必須如此。而我們也很容易就找到許多論證為我們的態度辯護。

這當然是不言而喻的事。我要說的是：自遠古以來，人類經歷了文明演變的整個歷程（我知道有人會偏好「civilization」一詞）。我們現在的所有成就都要歸功於這個歷程，而我們大部分的苦難也是拜它之賜。關於它的誘因和開端，我們所知有限，也猜不到結局會是怎麼樣，不過它的若干性格倒是顯而易見。也許這個歷程會導致人類的滅亡，因為它以不一而足的手段阻礙了性功能，現在未開化的種族以及落後的人口階層，他們的繁衍速度就遠勝於高度開發的種族。這個歷程或許類似於若干動物物種的馴化；它無疑會造成身體上的若干變化；但是我們還不習慣這種想法而認為文明演變也是個生物性的歷程。隨著文明的歷程而產生的心理變化則是顯著而明確的。它們是在於驅力目標的不斷轉移以及驅力衝動的處處受限。使我們的祖先樂在其中的種種感覺，現在的人們則是冷漠以對甚至無法忍受；如果說我們的道德和美感的理想要求也跟著改變的話，其實是有其生物性的理由。在文明的種種心理性格當中，有兩個性格似乎是最重要的：其一是知性的日漸強大，它開始統治著驅力世界，其二則是攻擊傾向的內化，包括它後來的種種益處和危害。而戰爭昭然若揭地和文明歷程加諸我們身上的心理態度背道而馳，因此我們對它感到憤慨，我們再也無法忍受它，那不只是在思想和感覺上的拒絕，對於我們這些和平主義者而言，更是在**體質上**不能容忍的事，一種極度放大的特異質反應（Idiosynkrasie）。而且，戰爭在美感上不堪聞問的卑劣程度，

也和它的殘酷一樣，讓我們想要群起撻伐它，

我們要等到什麼時候，其他人才會跟著變成和平主義者？誰也說不得準；可是如果說，這兩個因素，也就是文明的態度以及對於未來戰爭會有什麼下場的合理憂懼，會在可見的未來裡阻止戰爭行為，這或許不是個烏托邦的希望。我們猜不出來會走向哪一條路或是哪一條冤枉路。但是我們可以對自己說，任何促進文明演變的事物，都會起來反對戰爭的。

請接受我衷心的問候，如果我的論述讓您失望，也敬請見諒。

西格蒙・佛洛伊德

國家圖書館出版品預行編目資料

文明及其不滿/佛洛伊德(Sigmund Freud)著；林宏濤 譯. – 初版. --
臺北市：商周出版：英屬蓋曼群島商家庭傳媒股份有限公司城邦分公司發行, 民112.03
面： 公分. --
譯自：Das Unbehagen in der Kultur.
ISBN 978-626-318-598-2（平裝）

1. CST: 佛洛伊德 (Freud, Sigmund, 1856-1939) 2. CST: 精神分析學
3. CST: 文明

175.7 112001809

文明及其不滿

原著書名／Das Unbehagen in der Kultur
作者／佛洛伊德（Sigmund Freud）
譯者／林宏濤
企劃選書／林宏濤
責任編輯／梁燕樵

版權／吳亭儀、林易萱
行銷業務／周佑潔、周丹蘋、賴正祐
總編輯／楊如玉
總經理／彭之琬
事業群總經理／黃淑貞
發行人／何飛鵬
法律顧問／元禾法律事務所 王子文律師
出版／商周出版
城邦文化事業股份有限公司
臺北市中山區民生東路二段141號9樓
電話：(02) 2500-7008 傳眞：(02) 2500-7759
E-mail：bwp.service@cite.com.tw
Blog：http://bwp25007008.pixnet.net/blog
發行／英屬蓋曼群島商家庭傳媒股份有限公司城邦分公司
臺北市中山區民生東路二段141號2樓
書虫客服服務專線：(02) 2500-7718・(02) 2500-7719
24小時傳眞服務：(02) 2500-1990・(02) 2500-1991
服務時間：週一至週五09:30-12:00・13:30-17:00
郵撥帳號：19863813 戶名：書虫股份有限公司
讀者服務信箱E-mail：service@readingclub.com.tw
歡迎光臨城邦讀書花園 網址：www.cite.com.tw
香港發行所／城邦（香港）出版集團有限公司
香港灣仔駱克道193號東超商業中心1樓
電話：(852) 2508-6231 傳眞：(852) 2578-9337
E-mail：hkcite@biznetvigator.com
馬新發行所／城邦(馬新)出版集團 Cité (M) Sdn. Bhd.
41, Jalan Radin Anum, Bandar Baru Sri Petaling,
57000 Kuala Lumpur, Malaysia
電話：(603) 9057-8822 傳眞：(603) 9057-6622
Email：cite@cite.com.my

封面設計／FE
排版／新鑫電腦排版工作室
印刷／韋懋印刷有限公司
經銷商／聯合發行股份有限公司
電話：(02) 2917-8022 傳眞：(02) 2911-0053
地址：新北市231新店區寶橋路235巷6弄6號2樓

■2023年（民112）3月初版1刷
定價 320 元

Printed in Taiwan
城邦讀書花園
www.cite.com.tw

ISBN 978-626-318-598-2

商周出版

廣 告 回
北區郵政管理登記
台北廣字第00079
郵資已付，免貼郵

104台北市民生東路二段141號2樓

英屬蓋曼群島商家庭傳媒股份有限公司　城邦分公

請沿虛線對摺，謝謝！

商周出版

書號：BK7117	**書名：**文明及其不滿	**編碼：**

請於此處用膠水黏貼

商周出版

讀者回函卡

線上版讀者回函卡

感謝您購買我們出版的書籍！請費心填寫此回函卡，我們將不定期寄上城邦集團最新的出版訊息。

姓名：______________________ 性別：□男 □女

生日：西元__________年__________月__________日

地址：______________________

聯絡電話：______________ 傳真：______________

E-mail ：

學歷：□ 1. 小學 □ 2. 國中 □ 3. 高中 □ 4. 大學 □ 5. 研究所以上

職業：□ 1. 學生 □ 2. 軍公教 □ 3. 服務 □ 4. 金融 □ 5. 製造 □ 6. 資訊

□ 7. 傳播 □ 8. 自由業 □ 9. 農漁牧 □ 10. 家管 □ 11. 退休

□ 12. 其他______________________

您從何種方式得知本書消息？

□ 1. 書店 □ 2. 網路 □ 3. 報紙 □ 4. 雜誌 □ 5. 廣播 □ 6. 電視

□ 7. 親友推薦 □ 8. 其他______________________

您通常以何種方式購書？

□ 1. 書店 □ 2. 網路 □ 3. 傳真訂購 □ 4. 郵局劃撥 □ 5. 其他______

您喜歡閱讀那些類別的書籍？

□ 1. 財經商業 □ 2. 自然科學 □ 3. 歷史 □ 4. 法律 □ 5. 文學

□ 6. 休閒旅遊 □ 7. 小說 □ 8. 人物傳記 □ 9. 生活、勵志 □ 10. 其他

對我們的建議：______________________

____

____

請於此處用膠水黏貼